Los mejores chistes del mundo

LOS MEJORES CHISTES DEL MUNDO

coña fina

Si usted desea que le mantengamos informado de nuestras
publicaciones, sólo tiene que remitirnos su nombre y dirección, indicando qué temas le interesan, y gustosamente
complaceremos su petición.

Ediciones Robinbook
Información bibliográfica
Industria, 11 (Pol. Ind. Buvisa)
08329 Teià (Barcelona)
e-mail: info@robinbook.com

www.robinbook.com

Coordinación i compaginación: Niké Arts, s. l.
Ilustraciones: Susana Calvo; *Humorous Advertising Cuts of the 1940s,* Dover Publications, 1998;
    Classic Spot Illustrations from the Twenties and Thirties, Dover Publications, 2000.

© 2002, Ediciones Robinbook, s. l., Barcelona.
Diseño cubierta: Regina Richling.
Ilustración de cubierta: Illustration Stock.
ISBN: 84-7927-568-5.
Depósito legal: B-27.199-2002.
Impreso por A & M Gràfic, Pol. La Florida-Arpesa, 08130 Santa Perpètua de Mogoda.

Printed in the U.S.A.

INTRODUCCIÓN

La extraordinaria aceptación de la que ha gozado mi primer libro de chistes publicado en el sello Víctor, de Ediciones Robinbook (*El arte de contar chistes e historias*, colección «Aprende y practica»), nos ha llevado a mí y a la editorial a plantearnos el reto de otro volumen. Si en el libro mencionado, además de contar chistes, historias y anécdotas, proporcionamos una amplia gama de recursos, ideas y consejos para potenciar al máximo la capacidad humorística del lector, en la antología que ahora presentamos hemos pretendido incluir –con la falta de modestia imprescindible para llevar a cabo tal cometido– lo mejor de lo mejor en el campo del humor.

Si nos preguntamos qué nos hace reír, seguramente no sepamos qué contestar, porque son numerosos los factores que pueden provocar la carcajada, según sea la situación dada y el estado de ánimo de ese momento. Pero digamos que, en general, desatan risas lo ridículo, lo absurdo, lo exagerado, lo grotesco, las desgracias ajenas, la torpeza, la ignorancia, los exabruptos y las salidas de tono, aunque siempre dentro de un contexto.

Los chistes y las historias divertidas tienen un mundo propio, sin reglas, en el que casi todo está permitido, siempre y cuando sea el momento idóneo y se esté ante el público adecuado.

El momento del chiste

Desde luego, no se pueden explicar las mismas historias y chistes en una velada con los amigos de toda la vida, que en una reunión con los compañeros de trabajo –especialmente si está el jefe.

Si le gusta contar chistes y quiere pulir su estilo, no olvide que el verdadero gracioso no cansa porque sabe cuándo callar. Es más recomendable contar un par de buenos chistes y callar para escuchar a los demás, que seguir y seguir... El gracioso no tarda en convertirse en un «pesado» de quien todo el mundo desea escapar a toda costa.

¿Qué es un chiste?

Una definición, con la que coinciden algunos autores, sería «la habilidad de reunir con rapidez varias representaciones que, por su contenido interno y por su nexo, son recíprocamente extrañas». O bien esta otra, que considera el chiste como «una forma de comicidad que, por medio de la palabra hablada o escrita, evoca alguna situación cómica, empleando para ello una técnica especial que se reduce a enmascarar el juicio emitido por medio de una expresión inocente en sentido literal».

Bueno, dejémonos de tecnicismos... Sea como sea, un chiste o historia divertida debe tener, primero, la capacidad de crear un planteamiento creíble –aunque sea fantástico– y luego de sorprender: por un juego de palabras, por una respuesta salida de tono, por un exabrupto, por un guiño a la actualidad, por una trasgresión de las normas, o quién sabe qué más cosas...

Es decir, para merecer el título de tales, los chistes deben crear mundos «perfectamente» lógicos, aunque sea con elementos fantásticos, imposibles o absurdos.

El chiste y quien lo explica

No todo el mundo tiene la misma gracia y naturalidad para contar un chiste, pero con un poco de paciencia y práctica será capaz de arrancar una carcajada con su narración. Pero no debe olvidar nunca que existe una gran diferencia entre «reírse de» y «reírse con», diferencia que incluso numerosos humoristas considerados profesionales olvidan con frecuencia con el supuesto pretexto del «todo vale». Los buenos humoristas –profesionales o no– tienen un envidiable talento, una infinita sensibilidad y un gran espíritu de observación, y saben que el humor constituye el único espejo en el que se reflejan todas las absurdidades del ser humano. Gracias a ese talento, a esa sensibilidad y a ese sentido de observación pueden llegar hasta nosotros y conseguir ese gran impacto que es la risa.

Esperamos y deseamos que, a partir de esta cuidada selección de los mejores chistes del mundo, se le afine el sentido del humor y le sea más fácil abrir la puerta a esas risas y sonrisas tan terapéuticas, estimulantes y llenas de vida, de buena vida.

No se preocupe si no llega a entender alguno de los mejores chistes del universo. Todavía no hemos dado con las claves para entenderlos todos. Además, sucede incluso en las mejores familias...

ABOGADOS

Son los reyes de los pleitos y de las desmesuras judiciales. Tratados como embaucadores y aves de rapiña siempre a la caza del mayor iluso que engorde sus hambrientos bolsillos.

¿Cómo sabes que un abogado está mintiendo?
–Porque sus labios se están moviendo.

¿Cuál es la diferencia entre un abogado y un gigoló?
Un gigoló solo jode a una persona a la vez.

Un abogado toma el sol en un parque, cuando se le acerca una señora y le pregunta:
–¿Qué hace?
–Aquí, robándole unos rayitos al sol.
–Usted, abogado, siempre está trabajando a todas horas, ¿no?

Cuando una persona ayuda a un criminal antes de cometer un crimen, le llamamos cómplice.
Si lo ayuda después de haber violado la ley, le llamamos abogado.

Era un abogado tan tonto, tan tonto, que le preguntaron si quería hacerse Testigo de Jehová y respondió diciendo que no había visto el accidente, pero que todo era negociable.

Hacía tanto frío durante ese invierno, que fue la única vez en que vi a un abogado con las manos en sus propios bolsillos.

El juez le pregunta al acusado:
—Entonces, ¿insiste en que no quiere un abogado?
—No, pienso decir la verdad.

—Usted parece ser más inteligente que el promedio de hombres de su clase social —dijo el abogado a un testigo al cual estaba interrogando durante el juicio.
—Gracias —repuso el testigo—. Si no estuviera bajo juramento, le devolvería el cumplido.

En una rueda de prensa:
—Díganos, señor alcaide, ¿cuáles han sido los resultados del programa experimental de reinserción de reclusos?
—Pues hemos tenido una de cal y una de arena; de los dos delincuentes que se presentaron voluntarios para el proyecto, uno ha decidido hacerse abogado, pero parece que el otro quiere seguir por el buen camino.

—¿Cómo podré pagarle? —dijo una mujer a un abogado que le había solucionado todos sus problemas legales.
—Mi querida amiga —repuso el abogado—, desde que los fenicios inventaron el dinero únicamente ha habido una respuesta a esa pregunta.

El abogado al homicida:
—Sinceramente, no sé qué decir para librarlo de la silla eléctrica.
—¿Por qué no dices que has sido tú?

En un juicio dice el fiscal:
—Miren al acusado: su mirada torva, su frente estrecha, sus ojos hundidos, su apariencia siniestra...
Y el acusado interrumpe:
—Pero bueno, ¿me van a juzgar por asesino o por feo?

Dos amigas del instituto se encuentran al cabo de muchos años.
—¡Hombre, cuánto tiempo! He oído que te casaste...
—Sí, con un abogado, y un hombre muy honrado.
—Oye, ¿pero eso no es bigamia?

UN HOMBRE ENTRE DOS ABOGADOS ES COMO UN PESCADO ENTRE DOS GATOS.

Un campesino pasa frente a una lápida que reza: «Aquí yace un abogado, un hombre honrado, una persona íntegra».
El campesino se persigna y exclama asustado:
—¡Dios mío, enterraron a tres hombres en la misma fosa!

13

Un hombre acude a a un abogado.
–Y usted, ¿cuánto cobra por una consulta rápida?
–10.000 por tres preguntas.
–Vaya, es un poco caro, ¿no?
–Dígame, ¿cuál es su tercera pregunta?

Un hombre entra en el despacho de un abogado.
–Buenos días, soy José García.
–Encantado, tome asiento, por favor. Soy el abogado de su esposa. Tengo una noticia buena y otra mala para darle, ¿cuál quiere conocer primero?
–La buena.
–Bueno, su mujer ha conseguido unas fotos que valen varios miles de dólares.
–¡Qué bien! ¿Cuál es la mala noticia?
–Que las fotos son de usted con su secretaria.

¿En qué se parecen los abogados a las bombas atómicas?
–Todo el mundo los tiene porque el resto de la gente también los tiene, pero todo el mundo preferiría no utilizarlos.

El abogado de divorcios a uno de sus clientes:
–Referente a su caso, tengo una noticia buena y otra mala. ¿Cuál quiere oír primero?
–Pues... la buena.
–Su esposa no va a pedir que se repartan la herencia que usted reciba tras el divorcio.
–¡Ah!, bien. ¿Cuál es la mala noticia?
–Se va a casar con su padre.

—Señor juez, quiero divorciarme porque hace diez años que mi mujer me tira los trastos a la cabeza.
—¿Y por qué no se habían divorciado antes?
—Es que ahora ya está teniendo puntería.

¿Qué diferencia hay entre un abogado y un cuervo?
—Uno es un animal de rapiña, vive de la carroña, de la basura y de lo ajeno. Acecha a sus víctimas y cuando éstas se descuidan, ataca. Primero le come los ojos y después termina de destrozarla. El otro... es un inocente pajarito negro.

¿Qué diferencia existe entre una disolución y una solución?
—Una disolución es coger a un abogado y ponerlo en ácido sulfúrico. Una solución es meterlos a todos.

CONSIGUE dinero ANTE todo, la vírtud vendrá después (HORACIO).

15

ADIVINA...

Adivina de qué
se trata. Son los chistes
que emplean este doble recurso:
desconciertan, por un lado,
y divierten, por otro, sea
cual sea el tema, sea cual
sea la situación.

¿Cuál es el animal más rápido del mundo?
–Una gallina de Etiopía.
¿Y el segundo?
–El negro que va detrás.
¿Y el tercero?
–Un cámara del National Geographic.

–¿Qué tipo de queso quiere, señor Holmes?
–El *emental*, querido Watson.

¿Saben cuántos litros de leche da una vaca en su vida?
–Lo mismo que en bajada.

¿Qué le dice un grano de arena a otro en el desierto?
–¡Oye!, ¡qué ambiente!

¿Qué es un negro en la nieve?
–Un blanco perfecto.

¿En qué se parece una cueva a un frigorífico?
–En que la cueva tiene estalactitas y estalagmitas y el frigorífico *esta latita* de atún, *esta latita* de anchoas...

¿Por qué los gallegos ponen escaleras junto al mar?
–Para que suba la marea.

¿Por qué los hombres solteros y los hombres casados se envidian entre ellos?
–Porque ambos creen que el otro está follando más.

¿Cómo debe ser un chiste?
–Como la ropa interior de una mujer: fino, transparente y cortito.

Lista de los ministros y altos cargos de Japón:

☺ *Presidente:* Mikago Intumare.
☺ *Vicepresidente:* Marika Kesuno.
☺ *Secretario general:* Niputo Kesoy.
☺ *Ministro de Sanidad y Consumo:* Nikomo Nikago.
☺ *Ministro de Trabajo:* Nikito Nipongo.
☺ *Ministro de Asuntos Exteriores:* Dakosa Taodida.
☺ *Ministro de Hacienda:* Mikedo Kontodo.
☺ *Ministro de Información:* Niselo Kepasa.
☺ *Ministro de Agricultura y Pesca:* Minabo Taduro.
☺ *General en jefe del Aire:* Sikaigo Mimato.
☺ *Defensor del Pueblo:* Atoma Pekulo.

¿Qué le dijo una nalga a la otra?
–¿Qué mierda pasa entre nosotras?

AMIGAS

Dentro de la
confianza que brinda
la relación entre dos amigas
pueden darse situaciones de
íntima confidencia. Sus problemas
respectivos de pareja están
a la orden del día. Y, a veces,
la confianza da tanto de sí
que incluso «comparten»
el mismo maromo.

En una residencia de ancianos, dos amigas solteronas comentaban que nunca habían tenido amores, cuando el azar hizo que una de ellas conociese a un hombre, de edad también avanzada y viudo, y ambos terminaron enamorándose y compartiendo el resto de su vida. Tras la primera noche durmiendo juntos, la otra amiga pregunta a su compañera:

—¿Qué tal esa primera relación sexual que tuviste en tu vida? ¿Sentiste dolor?

—Pues sí —responde la primeriza.

—¿Y cómo fue?

—Mira, como un dolor de muelas, que a pesar de todo, después no quieres que te saquen.

Una amiga a la otra:

—De verdad, Paqui, no hay quien entienda a los hombres. Unas veces son tan sosos que te dan ganas de gritar, y otras son tan atrevidos, que tienes que hacerlo.

—La fiesta de Sabrina fue estupenda, no hubo tapas, ni refrescos, ni cubatas, ni comida...

—¿Ah, sí? ¿Y dónde está la gracia?

—¡En que tuvimos un par de chicos para cada una!

Dice una secretaria a su compañera:
—Es cierto que las máquinas se parecen cada vez más a los hombres. Mira, a ésta le falta un tornillo.

Se encuentran dos amigas después de mucho tiempo sin verse:
—¿Os pusisteis de acuerdo, por fin, tú y tu marido?
—Sí, mujer.
—¿Cuándo fue eso?
—¡Cuando nos separamos!

Una amiga le dice a otra:
—¿Sabes que Arturo y Ana se separan?
—¿Ah, sí? ¿Y cómo es eso, quién ha tenido la culpa?
—Pues Arturo, que le dio un día por volver a casa antes.

Dos mujeres viajan de noche en automóvil. Después de un buen trecho sin mediar palabra, una exclama:

–¡No te puedes imaginar las ganas de mear que tengo!

–Yo no quería decir nada –opina la otra–, porque estamos llegando, pero tampoco puedo aguantar más. Si encontramos un bar, paramos.

Van pasando los kilómetros y aumentando las ganas de orinar, pero el dichoso bar no aparece. Ante la urgencia de la situación deciden parar en el primer sitio que encuentren. ¡Un cementerio! No es el lugar mas idóneo, y menos de noche, pero... Cuando más concentradas estaban las señoras, se despierta el enterrador por el ruido y grita:

–¿Quién anda ahí?

Tremendo susto. Ni bragas ni nada. Allá corren las dueñas de dichas prendas, suben al automóvil y arrancan a toda prisa. Llegan sanas y salvas a su destino.

Unos días después se encuentran los maridos, ambos con aspecto descuidado, ojeras, despeinados, la camisa arrugada, y con cara de preocupación. Habla uno:

–¿Sabes?, sospecho que mi mujer me está engañando. La otra noche llego a casa sin bragas.

–Pues yo no tengo dudas: mi mujer me engaña. Esa misma noche llegó sin bragas... y con una banda en el culo que ponía: «Tus amigos de Logroño no te olvidan».

Dos amigas se encuentran en una fiesta:

–¿Sabes la última?, me caso con tu ex novio.

–No me extraña, el día en que terminamos me dijo que iba a hacer alguna tontería.

Una mujer se encuentra con otra después de algún tiempo y le pregunta:

–Me asombra tu físico, ¿cuánto has adelgazado?

–Me he quitado unos 80 kilos de grasa superflua.

–¿Tanto?, y ¿cómo lo has hecho?

–Muy sencillo: me he divorciado.

En la playa:
—Mira, mira, tu marido esta intentando ligar con una sueca.
—Je, je, je.
—¿Tu marido intenta ligar y tú te ríes?
—Sí, a ver cuánto tiempo aguanta metiendo la barriga hacia dentro.

Le dice una mujer a su vecina:
—Mi marido y yo somos inseparables.
La vecina le pregunta:
—¿Andan siempre juntos?
Y ésta le responde:
—No, lo que pasa es que cuando nos peleamos se necesitan hasta ocho vecinos para poder separarnos.

Dos mujeres jugaban a golf una mañana soleada. Cuando la primera de las dos salió, vio con horror que la pelota se dirigía directamente hacia unos hombres que jugaban en el siguiente hoyo. La pelota golpeó a uno de los hombres, quien de inmediato juntó ambas manos en su entrepierna y cayó al suelo rodando «agonizante». La mujer corrió hasta donde estaba el hombre e inmediatamente comenzó a pedir disculpas, le explicó que era quiropráctica y le ofreció su ayuda para eliminar el dolor.

–¡Por favor!, déjeme ayudarlo. Soy quiropráctica y se cómo quitarle el dolor si usted me lo permite.

–Ouch, auuuu, noooo, estaré bien... El dolor se me pasará en unos minutos –contestó el hombre mientras permanecía en posición fetal, tirado en el césped y con las manos en su entrepierna.

Ella insistió hasta que finalmente él le permitió ayudarlo; ella gentilmente le separó las manos y lo acostó a su lado, le desabrochó los pantalones, puso sus manos dentro y comenzó a masajear.

–¿Se siente bien? –preguntó la dama.

–¡Me siento fantástico! –contesto el hombre–, pero el dedo me sigue doliendo.

¿QUÉ HACEN **18** MUJERES EN UN CAMPO DE GOLF?
–UN CAMPO DE GOLF.

Están cuatro amigas de cháchara y dice una a las otras tres:
—¡Oye!, cuando volvéis a casa los sábados por la noche, ¿cómo sabéis si os lo habéis pasado bien?
—Pues mira, yo, si estoy borracha, es que me lo he pasado bien.
—Yo, si he conocido a mucha gente, es que me lo he pasado bien.
—Pues yo, al meterme en la cama, me quito las bragas y las tiro contra el techo. Si se quedan pegadas, es que me lo he pasado bien.

Una chica dice a su amiga:
—Oye, ¿sabías que tu novio antes fue mi novio?
—Bueno chica, él me dijo que había cometido algunas estupideces, pero no me dijo cuáles.

Se encuentran dos amigas cubanas en Miami:
—¡Hola!, ¡cuánto tiempo sin verte, qué bien estás! Veo que has progresado mucho, me acuerdo cuando llegaste al país.
—Pensar que cuando llegué tenía una mano delante y otra detrás...
—Sí que me acuerdo, y, ¿cómo lo lograste?
—Bueno, aparté una mano.

ENTRE DOS AMIGAS:
—¿Y A TI CÓMO TE GUSTAN las pollas, GRANDES o JUGUETONAS?
—A MÍ, QUE ME DEN UNA GRANDE, QUE YA LE ENSEÑARÉ A JUGAR.

AMiGOS

La camaradería
de dos colegas no tiene
límites. Tanto se explican sus
batallitas conyugales, sus ligues,
sus juergas y salidas, como
sus problemas laborales
y, ¿por qué no?, sus
gustos y aficiones
eróticas.

Un tipo va por la calle y se encuentra a un amigo hecho
polvo, con un ojo morado, una pierna rota, y el brazo
escayolado; en eso, le pregunta:
–¡Pepe!, ¿qué te ha pasado?
–Nada, que le cogí la teta a mi mujer.
–Joder, yo cuando le cojo la teta a mi mujer, se rubori-
za, me hace tonterías, se pone caliente, y luego pues....
–Sí, ¿y si se la coges con la puerta del coche también se
pone caliente?

Dos amigos conversando:
–Es que tengo problemas, porque no sé relacionarme
con las mujeres, no sé de qué hablar con ellas.
–Nada, hombre, pero si es fácil; habla de cualquier ton-
tería, le cuentas tus cosas; simplemente, di lo primero
que se te ocurra.
Así que el primero se va a una discoteca a practicar y
allí se acerca a una chica:
–Hola, ¿cómo te llamas?
–Manola.
–Hombre, como mis pajas.

–¿Qué es lo que más te gusta de una mujer?
–A mí, las piernas.
–Pues mira, yo es lo primero que aparto.

Dos amigos se
encuentran y uno
dice al otro:
–Anoche me acosté
con una mujer que
estaba buenísima.
¡Qué piernas tenía!
¡Y qué pechos!
¡Y qué culo!...
–¿Y de cara?
–¡Ah, eso sí!
¡Carísima!

–En casa, yo tomo las decisiones importantes y mi mujer decide los detalles
–¿Qué decisiones son importantes?
–No lo sé. En veinte años de casado, aún no he tenido ninguna.

–Mira, Alfonso, cuando yo llegué al país, apenas tenía dos alpargatas rotas... ¡Y ahora tengo millones!
–¿Y para qué quieres tantas alpargatas rotas?

Dos amigos de la infancia:
–¿Tú te acostaste con tu mujer antes de casarte?
–Yo no, ¿y tú?
–Hombre, yo no sabía que te ibas a casar con ella...

–¡Oye!, ¿por qué sales de tu casa cada vez que tu mujer se pone a practicar sus lecciones de canto?
–Para que los vecinos no crean que le estoy pegando.

–¿Te regañó mucho ayer tu mujer por quedarte un rato más a jugar a las cartas?
–No, total, estos cuatro dientes tenía que sacármelos.

–Tras veinte años de matrimonio sigo enamorado de la misma mujer.
–¡Qué bonito!
–Sí, pero el día que se entere mi esposa...

–Me voy a divorciar.
–Tu mujer, ¿es infiel, por casualidad?
–No, por costumbre.

Son dos amigos que vuelven al trabajo un lunes.

–¡Hombre, Federico! ¿Qué tal el fin de semana? ¿Habías ido a la playa, no?

–Pues sí, fui a la playa con mi mujer y los niños. Y no vas a creer lo que me pasó. Pues resulta que fui a dar un paseo por la ría, donde se ponen los pescadores. Iba yo comiéndome un bocadillo de chorizo y observé que los peces se tiraban a las migas que caían al agua. Pues nada, que ni corto ni perezoso, metí el chorizo en el agua y viene un besugo, que no se qué hacía ahí, le pega un mordisco al chorizo, tiré de el y lo saqué del agua. ¡Macho, no veas qué besugo! ¡20 kilos!

–¿Vaya pedazo de bicho, no?

–Pues, como lo oyes. Y a ti, ¿qué tal el fin de semana?

–Calla, ¡no me hables, que estoy metido en un lío tremendo!

–¿Qué pasó?

–Pues nada, que me fui a cazar. Estuve todo el día por el monte, y nada. Oye, es que ni una pieza. Total, que cuando estaba de regreso al Land-Rover veo que cerca de la carretera aparece un ciervo. Casi sin pensarlo le apunto y lo dejo seco.

—¡Anda, qué suerte! Oye, pero ¿no estamos en veda?

—Claro que estamos en veda. Ahí empezó el lío. Y lo malo es que cuando me acerqué, resulta que era una hembra, y estaba embarazada.

—¿Y qué hiciste?

—¡Pues qué voy a hacer! Cogí una pala del automóvil y me puse a cavar un agujero para enterrar al ciervo.

—¡Míralo qué pillín!

—No, calla, calla, resulta que cuando ya estaba acabando el agujero, ¡aparece el guarda!

—¡Qué multa, macho!

—¡Qué multa, ni qué carajo! Cabreado como estaba, no se me ocurrió otra cosa que coger la escopeta y le pegué dos tiros.

—¡Aaahhh! ¡A la cárcel, Manolo!

—¡Sssshhhhhhh! ¿Quieres hablar más bajo?

—A la cárcel, Manolo, a la cárcel vas a ir, por burro.

—¿No ves que tenía hecho ya el hoyo? Pues nada, con enterrar al guarda con el ciervo, se acabó el problema.

—¡No me jodas, Manolo!

—¡Sssshhhhh! Sí, hombre, lo malo fue que cuando estaba metiendo al guarda en el agujero, apareció una pareja de la guardia civil.

—¡Aaahhh! ¿Qué hiciste?

—¿Qué voy a hacer? ¿Qué quieres?, ¿que me metan en la cárcel? ¡Les pegué cuatro tiros a los dos! Total, con hacer más grande el agujero...

—¡Aaahhh! ¡A la cárcel toda la puta vida!

—¡Sssshhh! ¿Quieres hablar más bajo? Lo peor es que cuando estaba agrandando el agujero, se acercó por la carretera un autobús, y al ver mi Land-Rover se paró. Joder, Federico, un autobús lleno de turistas ingleses, ¿te lo puedes creer?

—¡Aaahhh! ¡No me jodas, Manolo! ¿Qué hiciste? ¿Qué les hiciste a los turistas?

—¡Mira, jodido!, ¡Ya le estás quitando kilos a tu maldito besugo o me cargo a todos los ingleses ahora mismo!

DOS AMIGOS VEN A UN PERRO QUE SE ESTÁ lamiendo los cojones:
—¡CÓMO ME GUSTARÍA PODER HACER ESO MISMO!
—BUENO, PERO ANTES INTIMARÍAS UN POCO CON EL PERRO, ¿NO?

Conversaban dos amigos:
—Disculpa que te pregunte, pero, ¿tu esposa grita cuando hace el amor?
—Y cómo grita, ¡la escuchamos todos desde el bar!

Se encuentra un hombre con un conocido y le dice:
—Mi mujer se ha fugado con mi mejor amigo.
—¿Cuál de ellos?, ¿conozco a tu amigo?
—No, yo tampoco lo conozco, pero desde que se fue con ella es mi mejor amigo.

Dos amigos conversando sobre sus esposas. Uno dice:
—En mi casa siempre grito más fuerte que mi mujer. Cuando ella me grita «¡ven a cocinar!», yo le grito «¡estoy planchando!», y después voy a lavar la ropa.

Se encuentran dos hombres conocidos; uno de ellos se veía muy triste, y entonces el otro le pregunta:
—¿Qué te sucede?
—Estoy destrozado, mi novia me ha dejado.
—No te preocupes, tienes tiempo para recuperarla; le va a costar encontrar otro hombre tan imbécil.

Pedro le dice a Juan:
—Pienso hablar seriamente con mi mujer. Pienso decirle que a partir de mañana compartiremos los deberes de la casa.
—¡Vaya!, eres un marido considerado.
—No, ¡lo que pasa es que yo no puedo con todo!

—HACE TRES MESES QUE NO HABLO CON MI ESPOSA.
—¿HABÉIS DISCUTIDO?
—NO, LO QUE PASA ES QUE ME TIENE PROHIBIDO INTERRUMPIRLA.

Se está jugando una partida de cartas en el casino del pueblo cuando un hombre entra corriendo y grita a uno de los jugadores:
—¡Juan, corre, que tu mujer se está acostando con otro!
Juan se levanta corriendo y a los diez minutos vuelve y dice:
—¡Me habías asustado, es el mismo de siempre!

Conversan dos amigos:
—Desde que se fue mi mujer, la casa esta vacía.
—Claro, la encuentras a faltar.
—¡No!, ¡se llevó los muebles!

Se encuentran dos amigos por la calle. Uno de ellos lleva las dos manos en una mejilla y un acusado gesto de dolor. Le pregunta el otro:
—¿Qué te pasa, Pepe?
—Tengo un dolor de muelas que no lo puedo aguantar.

–Eso no es nada. Ayer tenía yo un dolor de muelas más grande que el tuyo, fui a mi casa, le eché un buen polvo a mi mujer, y aquí me tienes, como nuevo.
–¿Y dónde puedo encontrar ahora a tu mujer?

Están cuatro amigos en una cantina jugando al dominó. Al rato de estar jugando, uno se levanta para ir al baño. Aprovechando el descanso, los tres se pusieron a hablar y uno de ellos dijo:
–No es por presumir, pero a mi hijo le va muy bien el negocio de bienes y raíces. Ha ganado tanto dinero que le regaló una casa a uno de sus amigos.
–Pues tampoco es por presumir, pero mi hijo es distribuidor de automóviles importados y gana tanto dinero que hasta le regaló un Ferrari a uno de sus amigos.
–Pues mi hijo tiene una empresa de bolsa y como le está yendo muy bien, le regaló a uno de sus amigos un paquete de acciones de las mejores.
En eso regresa el que estaba en el baño y los tres presumidos le preguntan cómo le ha ido a su hijo:
–Pues la verdad, mal. Desde chico daba señales de delicadito y ahora de mayor se descaró: es un homosexual declarado, trabaja en un salón de belleza en el centro de la ciudad. Supongo que ha de ser bueno en lo que hace porque algunos de sus novios ya le han regalado una casa, un Ferrari y un paquete de acciones de las más buenas.

Se encuentran dos amigos por la calle y uno saluda al otro:
–¡Recuerdos a tu mujer y a mis hijos!

Entre dos amigos:
–Me divorcié porque estaba cansado de llevar los calcetines rotos, harto de llevar la ropa a la lavandería, de limpiar y de hacerme la comida.
–Vaya, pues yo acabo de casarme por las mismas razones.

–Dicen los periódicos que tu mujer por poco mata a un ladrón que os entró ayer en casa, ¿es verdad?
–¡No es así!, lo que pasó es que mi mujer se pensó que era yo que venía tarde.

Eran dos compañeros en Arabia Saudí comentando su día de trabajo; uno pregunta al otro:
–¿Qué tal tu día?
–¡Fatal!
–¿Por qué?
–Me llamó el jefe para que hiciera el anuncio de un refresco, como ya sabes soy el encargado del departamento de publicidad. Pues empecé con la primera lámina, que mostraba a un hombre en el desierto, sediento, casi desmayándose; luego, en la segunda lámina, el hombre ve nuestro refresco y corre hacia él, se lo toma y se queda muy satisfecho.
Y el compañero le pregunta:
–¿Y qué hay de malo? Es perfecto.
Y contesta el otro:
–Pues cuando lo vio el jefe, me despidió.
–¿Por qué?
–Me dijo: «¿No sabes que aquí la gente lo interpreta al revés? Lo ven al revés: primero bebe el refresco y luego se queda moribundo».

Van dos amigos por el campo y se encuentran una escopeta de dos cañones; dice uno al otro:
–Oye, compadre, ¿esto qué es?
Entonces responde el otro:
–Esto son unos anteojos.
–¿Y cómo funcionan?
–Mira, hombre, si es muy fácil. ¿Ves los dos agujeros? Pues aquí pones los ojos y miras a lo lejos.
Entonces, el primero pone los ojos y dice:

ERA UN TIPO TAN GAFE, TAN GAFE, QUE SE SENTÓ EN UN PAJAR Y SE CLAVÓ LA AGUJA.

—Compadre, que aquí no se ve nada.
—No, hombre, no, es que tienes que apretar la tecla esta de aquí.
El amigo le da al gatillo, dispara, y se le quedan los ojos colgando a la altura del ombligo. El otro dice:
—Compadre, no me mires así, que yo también me he asustado.

Son dos amigos, que se ven en el bar, y con esto de que la primavera la sangre altera, dice uno al otro:
—Anoche le eché un polvo a mi mujer. Tú imagínate qué polvo le eché, que un crucifijo que tenemos en la cabecera de la cama se puso a aplaudirnos.
—Pues anda, eso no es nada, anoche le pegué un polvo a mi mujer, y en un cuadro que tenemos en el dormitorio de los doce apóstoles en la última cena, cuando terminamos la faena, los apóstoles se pusieron a hacernos la ola.

—¡Hola, Mariano, qué cambiado estás!
—Pero oye, si no me llamo Mariano.
—¡Ah!, ¿también te ha cambiado el nombre?

35

BiLL CLiNTON

Los presidentes
y los políticos siempre han
sido una buena excusa para
plantear, en tono de humor, la
problemática de una sociedad.
Bill Clinton, en sus últimos
años, envuelto en *affaires*
jugosos, sin duda tiene
cuerda para
rato.

¿Cuál es la diferencia entre George Washinton, Richard Nixon y Bill Clinton?
–Que Washinton era incapaz de decir una mentira; Nixon, de decir una verdad, y Clinton no sabe distinguirlas.

¿En dónde estudió y se doctoró Mónica Lewinsky?
–En la Sorbona.

¿Qué le cuenta Bill Clinton a Hillary después de practicar sexo?
–Nada, ella se entera por las noticias de la tele.

Comunicado de la Casa Blanca:
–Todo lo que hizo el presidente fue ofrecer trabajo a Mónica Lewinsky. No hay ninguna prueba de indecencia ni la habrá nunca. La cosa se ha inflado desproporcionadamente y cuanto antes vuelva a la normalidad, mejor.

¿Qué entiende Bill Clinton por sexo seguro?
–Que Hillary esté fuera de la ciudad.

Un hombre decide tomarse el día libre para irse a jugar al golf. Está en el segundo hoyo cuando se percata de que una rana está sentada cerca del *green*. No le da

mucha importancia hasta que justo cuando va a realizar el tiro, escucha:

–Ribbit. Hierro 9.

El hombre mira alrededor pero no ve a nadie.

–Ribbit. Hierro 9.

Se gira hacia la rana y decide hacer caso del consejo. Pone su otro hierro en la bolsa y toma el hierro 9. Golpea la pelota, dejándola a diez centímetros del hoyo. Se queda asombrado y pregunta a la rana:

–Es increíble. Debes ser una especie de rana de la suerte o algo así, ¿no?

La rana le contesta:

–Ribbit. Rana de la suerte.

El hombre decide tomar a la rana y llevársela al siguiente hoyo:

–¿Qué palo me recomiendas? –le pregunta el hombre.

–Ribbit. Madera 3.

El hombre saca la madera 3 y ¡hoyo en uno! El hombre está perplejo y no sabe qué decir. Al final del día, el hombre ha hecho el mejor juego de golf de su vida y le pregunta a la rana:

SE HIZO UNA ENCUESTA Y PREGUNTARON A 2.000 MUJERES EN WASHINGTON SI LES GUSTARÍA ACOSTARSE CON BILL CLINTON. EL 62 % RESPONDIÓ: –NO, OTRA VEZ NO.

–Bueno, y ahora, ¿qué sigue?
La rana contesta:
–Ribbit. Las Vegas.
Ambos llegan a las Vegas y el hombre dice:
–Ok, ranita, y ahora, ¿qué?
La rana dice:
–Ribbit. Ruleta.
Después de acercarse a la mesa de la ruleta el hombre pregunta:
–¿A qué apuesto?
La rana responde:
–Ribbit, 3.000 dólares, 6 negro.
–¡Venga ya, pero si es una posibilidad entre un millón!
El hombre recapacita, piensa en la sesión de golf y se decide a apostar. Toneladas de efectivo y fichas llenan su sitio. El hombre recoge sus ganancias y coge la mejor habitación del hotel. Se sienta en el suelo, delante de la rana, y le dice:
–Ranita, no sé cómo compensarte. Me has hecho ganar todo este dinero y te estoy eternamente agradecido.
La rana dice:
–Ribbit, bésame.
El hombre piensa: «¿Por qué no?, después de todo lo que la rana ha hecho por mí, creo que se lo merece».
Con un beso, la rana se convierte en una hermosísima joven de 15 años.
–Y es así, señor juez –dice Bill Clinton–, como la menor acabó en mi habitación del hotel.

¿Qué se obtiene si se cruzan a un mal político y a una abogada mafiosa?
–Chelsea Clinton.

Dos becarias salen del Despacho Oval, una riendo y otra llorando. ¿Cuál de las dos tendrá mejor futuro?
–La segunda porque quien no llora, no mama.

BORRACHOS

Los borrachos,
con esa mezcla de infantil
ingenuidad y desfachatez
desinhibida, bordan el colmo
de lo absurdo. Su caricatura
grotesca consigue la más eficaz
de las carcajadas. Las sufridas
esposas aguantan la
situación sin muchas
ganas de fiesta.

Un hombre, conduciendo borracho con su mujer a las cuatro de la mañana:
—Mariano, ¡ten cuidado!
—Tú, tranquila, ¡hip!, que yo controlo.
—Mariano, Mariano, ¡cuidado, una curva cerrada!
—¿Y qué te creías, que a las cuatro de la mañana iba a estar abierta?

Un borracho que estaba en un autobús empezó a sobar las tetas descaradamente a una mujer. Entonces, ésta ya no pudo más y le dijo:
—¡Oiga, borracho de mierda!, ¿por qué no pone la mano en otro sitio?
—¡Señora, no me tiente!, ¡no me tiente!

El guardia al conductor borracho:
—¿Me da su permiso de conducir?
—Sí, conduzca, conduzca...

Va un borracho en un autobús sentado en la última fila de asientos. De pronto, grita:
—¡Necesito un culo!
Todos los pasajeros que iban delante rápidamente se

¿Cómo se llama lo que hace girar los cuerpos sobre su eje?
—Se llama borrachera.

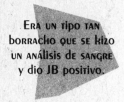

Era un tipo tan borracho que se hizo un análisis de sangre y dio JB positivo.

vuelven para mirar hacia atrás, donde está el borracho. El borracho los mira y les dice:
—Un culo dije, nada más...

Dos borrachos en un bar, y uno dice al otro:
—¡Para ya de beber! ¡Que te estás poniendo borroso!

Dos mexicanos entran en un bar con una botella de tequila. Uno la pone en el mostrador y dice al otro:
—¿La chupamos, compadre?
—Sí, mano. Pero, la botella de tequila, ¿para qué es?, ¿para darnos valor?

El marido llega al portal de su casa totalmente borracho y empieza a gritar:
—¡Maríííía, Maríííía!
La mujer se asoma a la ventana y dice:
—Ya vienes otro día borracho y quieres que te eche la llave.
—No, no, si hoy la llave la tengo, mejor échame el agujerito, que no lo encuentro.

Va una monja caminando por la calle y pasa junto a un borracho. Entonces, el borracho empieza a golpes con la pobre monja. Después de dejar a la monja en el suelo, acabada, el borracho se levanta y dice:
—Me decepcionas, Batman.

Un borracho que está en un bar dice al camarero:
—Qué borrachera tengo... Veo doble.
—No, es que somos gemelos —responde el camarero.
—¿Los cuatro?

Un marido llega borracho a las cuatro de la mañana y le está esperando la mujer. Nada más entrar en casa, la esposa se le echa encima como una fiera y le dice:
—Pero, ¿se puede saber de dónde vienes, degenerado? ¡Me vas a matar a disgustos!, ¡me vas a enterrar!
A lo que el marido replica:
—¡Cojonudo!, vengo yo ahora como para ponerme a hacer hoyos.

Dos borrachos están hablando:
—¡Es terrible, pero tardo tres horas en dormirme!
—Pero si los dos tomamos lo mismo y cuando yo llego a casa, caigo en la cama rendido al instante.
—Bueno, cuando yo encuentro la cama, también.

Llega un borracho a su casa, golpea la puerta y su esposa, que estaba enojada, no le quería abrir.
—¡Déjame entrar!, ¡por favor! —gritaba el borracho.
Pero la mujer no lo dejaba entrar. En una de esas, el borracho dice:
—¡Ábreme, que tengo una flor para la mujer más linda!
La mujer se enternece al escucharlo, lo deja pasar y le pregunta:
—¿Y la flor?
Y el borracho le contesta:
—¿Y la mujer más linda?

Un borracho entra en un bar gritando:
—¡Feliz Año Nuevo a todos!
El camarero le contesta:
—Usted está loco, si estamos en junio...
El borracho le mira asustado y responde:
—Mi mujer me mata, nunca me había retrasado tanto.

43

Llega un borracho a casa:
–¡Vaya!, ¡vienes bien cargado! –dice la mujer.
–Sí, querida, era por no hacer dos viajes.

Entra un tipo a una cantina y de entrada grita:
–¡Tragos para todos!
Y todos corren a la barra a tomárselo; llega a la barra y le dice al cantinero:
–Tómese usted uno, también.
Pasada la noche, el cantinero va a cobrar todos los tragos a los que el tipo ha invitado, y le dice:
–Son 30.000.
–¡Ja, jaaa! Si yo, ni dinero traigo.
Y el cantinero, enojado, le pega una paliza hasta que se cansa y lo deja tirado en la calle. Al día siguiente, vuelve a entrar el mismo tipo a la misma cantina y de entrada vuelve a gritar:
–¡Tragos para todos! Menos para el cantinero, porque se pone como una mula y me pega.

Estaba una vez un borracho a la orilla de un río gritando:
–¡Ballena, ballena!
Un señor que pasaba por ahí le dijo:
–Pero, señor, usted está loco. ¿Cómo se le ocurre que en este río va a haber una ballena?
–¡No! es que se me cayeron dos botellas y una *va llena*.

Un borracho entra en su casa a las tres de la mañana y su esposa, que lo está esperando, le dice:
–¡Mira, desgraciado, a la hora que vienes!
–Y, ¿quién te dijo que vengo? Vine a buscar mi guitarra.

Un borracho entra en una cantina nueva en el barrio y pide un trago:
–¡Déme un trago!
El cantinero lo mira fijamente y le dice:
–Mire, señor, aquí sólo se da trago a la gente que lo pide en rima.
Entonces, el borracho se queda pensando y le dice:
–Déme un ron cañero, para que venga el negro y se la «meta» al cantinero.
El cantinero se pica y le responde:
–Mejor un aguardiente, para que venga el negro y se la «meta» al cliente.
Entonces, llega un homosexual y les dice:
–No, no, mejor un ron Martres, para que venga el negro y nos la «meta» a los tres.

¿Tiene bocadillos de hipopótamo?
–No, lo siento. Se nos ha acabado el pan.

Dos borrachos discutían lo que veían en el cielo: para uno era el sol, y para el otro, la luna. Y así largo rato, hasta que ven venir a otro borracho y deciden despejar su duda preguntándole a él. Entonces, uno le pregunta:
—Disculpe, mi amigo y yo tenemos una confusión y usted nos puede sacar de la duda. Él dice que lo que está allá arriba es el sol y yo digo que no, que es la luna.
Éste mira el cielo y responde:
—Perdónenme, yo no soy de este barrio.

Un borracho está meando en la calle y viene un policía.
—¡Multa de 1.000 pelas por mear en la calle!
El borracho le paga, al tiempo que sigue meando.
—Pero, oiga, que me ha dado usted 2.000.
—Pueshsh mea tú tambiéeeen, compañerggo.

Un borracho llega a su casa cantando y haciendo mucho ruido, en eso se asoma un vecino y le dice:
—¡Psss!, ¡no haga ruido, que su mujer se va a despertar!
—¡No se preocupe! Cuando llego así, mi mujer y yo jugamos al exorcista.
—¿Ah, sí?, y ¿cómo es eso?
—Bueno, ella me sermonea y yo vomito.

Un tipo en un bar pide una cerveza. El camarero pone el posavasos, el vaso y la cerveza. Al rato vuelve a pedir otra cerveza. Se la sirve de igual manera, con otro posavasos. Momentos después, pide la tercera cerveza:
—Camarero, otra cerveza, pero por favor, esta vez sin galletitas, que están un poco rancias.

Un tipo va por la calle y ve a su amigo que viene borracho y dando cabezazos a cada poste.
–Pepe, ¿qué haces?
–Cállate y dime cuántos chichones tengo en la cabeza.
–¡Tienes como veinte!
–¡Jo! Me faltan cinco más para llegar a casa.

Es un borracho que está intentando abrir la puerta de su casa, pasa un hombre por la calle y le dice:
–¿Qué haces tú con un supositorio?
–Anda, ¿pues dónde habré metido la llave?

Un tipo encuentra a un amigo suyo borracho perdido:
–¡Joder, Manuel!, hoy sí que la llevas buena, ¿eh?
–Sí, ¿verdad? ¡pues ya verás como mi mujer todavía le encuentra alguna pega!

Llega un borracho que no entiende al médico y éste trata de demostrarle que tomar alcohol es malo. Para ello se sirve de una lombriz. Primero, la mete en un vaso con agua, la saca y no pasa nada; luego la mete en un vaso con vino y la lombriz muere en pocos segundos.
–Ya ves lo que les pasa a los que toman mucho.
–Sí, doctor, nunca tendremos lombrices.

El marido, totalmente borracho, dice a su mujer al acostarse:
–Me ha sucedido un misterio. He ido al baño y, al abrir la puerta, se ha encendido la luz automáticamente.
–¡Ya te has vuelto a mear en la nevera!

Un niño llora en la acera y un borracho se le acerca y le pregunta por qué llora.
–Mi abuela se cayó del edificio y ahora está en el cielo.
–¡Vaya, qué rebote tuvo la vieja!

Un señor llega borracho a su casa y su mujer, enojada, le dice:
–Óyeme, me habías jurado no volver a poner los pies en ese bar.
A lo que el marido contesta:
–Y te juro, mi vida, que he cumplido mi promesa, porque yo entré gateando y me sacaron a rastras.

Cuando leí que beber era malo para la salud, dejé de leer.

****

Yo no tengo ningún problema con la bebida: bebo una copa, bebo otra, bebo más, me caigo al suelo. Sin problemas...

Un borracho sube a un autobús y se tropieza con un Testigo de Jehová, quien le espeta:
–¡Estás yendo derecho al infierno!
–¡Mierda!, me he vuelto a equivocar de autobús.

En una cena donde se ha bebido de más:
–Oye, ¿será posible que estés escupiendo las semillas del melón dentro de mi copa?
–No te creas, la mayoría están cayendo fuera.

Dos borrachos decidieron robar un banco. En su ebriedad habían pasado ya tres horas y no habían encontrado uno. En ese momento, uno dice al otro:
–Aquí hay uno, ¡entremos!
Después de un rato de revisar y no encontrar la caja fuerte, uno de ellos replica:
–Ya que no podemos robar nada, vamos a comer todas las uvas que hay en el congelador.
Al día siguiente aparece en los titulares de los periódicos: «Extraño robo en un banco de ojos».

Una viejecita en la parada del autobús. Pasa un borracho y la viejecita le pregunta:

–Señor, ¿qué puedo tomar para ir al cementerio?
–¡Cianuro, señora, cianuro!

Entra un borracho a una cantina repleta de gente y de entrada dice:
–¡Todos son unos hijos de puta!
Todos callados. Se levanta un negro de dos metros de altura y le pega una paliza que lo deja tirado en el suelo. Al día siguiente se repite la historia, entra en la cantina y grita:
–¡Todos son unos hijos de puta!
El negro se vuelve a levantar y lo pone peor que el día anterior. Al tercer día, el borracho entra en la cantina y grita:
–¡Todos son unos hijos de puta, menos el negro!
Y el negro dice:
–¡A mí, nadie me discrimina! –y vuelve a pegar al tipo.

El alcohol acorta tus días, pero si vieras ¡cómo alarga tus noches!

****

¿Qué es un marica en Irlanda?
–Un hombre que prefiere las mujeres al alcohol.

–Déme veinte litros de vino.
–¿Ha traído el envase?
–Está hablando con él.

Un borracho detiene un taxi:
–A mi casa, por favor.
–Hombre, ¡si no me da más detalles!
–¡Al cuarto de baño!

¡CAMARERO!

Siempre el sufrido camarero dispuesto a atender, con las mejores intenciones, las peticiones más insólitas. Todo lo que se refiere a la mesa, ya sean maneras de comer, lugares donde se come, dietas, guisos y otras suculencias, se presta a la broma.

–¡Camarero, ya le he pedido cien veces un vaso de agua!
–A ver, niño, ¡cien vasos de agua para el señor!

–¡Camarero, por favor!, me cocina más el pollo, que se está comiendo el arroz.

–¡Camarero!, ¿cómo preparan ustedes el pollo?
–Tan sólo le decimos que va a morir.

–¿Cómo quiere el señor sus huevos?
–¡Con toda mi alma, camarero! ¡Con toda mi alma!

–¡Camarero! ¿Podría traerme un flan solo?
–¡Hombre, pues claro! ¿Qué piensa, que por un flan voy a pedir ayuda?

–¡Camarero!, sírvame la carne cruda.
–¿Cómo de cruda, señor?
–¡Que la pinche y le duela!

Un señor va a un restaurante a comer y pide:
—Tráigame una sopa calva.
—Perdone el señor, pero no conocemos ese plato.
—Pues mire, amigo mío, cada vez que pido sopa me la traen con pelos. Así que, si me hacen el favor, en esta ocasión me la traen calva.

Un hombre va a una pizzería con dos mujeres y pide:
—¡Camarero!, dos pizzas, por favor.
—¿Familiares?
—No, son putas, pero tienen hambre.

Entra un tipo a un bar y pide:
—Déme un vaso de whisky.
Y empieza a soltar puñetazos al aire como hacen los boxeadores cuando pelean con su sombra. El camarero lo mira asombrado y no le hace caso. Al poco rato:
—Déme otro vaso de whisky.
Y continúa con el boxeo. Al rato, otra vez:
—Otro, por favor.
Y sigue con el boxeo. El camarero, tomándolo por loco, le pregunta:
—¿Y cuándo empieza la pelea?
—Cuando usted quiera, no tengo dinero.

¡COJONES!

Y, ¿por qué no?
Esta palabra, empleada hasta
la saciedad por un gran número
de personas, da no poco juego.
La considerable cantidad
de significados, en ocasiones
contradictorios, es casi
ilimitada.

Entra un hombre en la farmacia y pregunta:
—¿Hay ampollas?
Y el dependiente le responde:
—*Wellcome, mister* Pollas.

Una pareja está entregada a los mil y un juegos amorosos cuando, practicando el 69, llaman a la puerta insistentemente. Se levanta el hombre de muy mala leche y abre. Es el cartero, quien le entrega un paquete postal y se le queda mirando:
—¿Qué cojones mira? —le espeta el hombre.
—¿Se ha fijado que tiene sangre en la boca? —pregunta el cartero.
El hombre se toca los labios, se mira la mano y contesta:
—Ah, no es nada, un golpe que acabo de darme.
—Sí, ya veo... Contra el bidé, ¿verdad? Como tiene la frente llena de mierda...

No es lo mismo huevos con bechamel que béchame los huevos.

* * * * * * *

No son lo mismo unas pelotas negras que unas negras en pelotas.

La guerra de las Malvinas ha acabado. Los veteranos británicos regresan a su casa y la reina decide recompensarles: a cada veterano le deja escoger dos partes de su cuerpo, que deberá explicar por qué considera significativas, y por cada pulgada de distancia entre ellas se le pagarán 100 libras. Un comandante recibe a los recién llegados y pregunta primero a un irlandés:

–¿Qué partes de su cuerpo cree que representan el fervor con el que ha defendido la patria, y por qué?
–Mi cabeza y mis pies, señor, porque en mitad de una batalla pensé con la cabeza que... bla, bla, bla... y entonces usé los pies para... bla, bla, bla...
–Muy bien, soldado. Alférez, mídalo.
Al irlandés le miden la distancia de la cabeza al pie y le pagan 7.000 libras. Entonces llega el segundo soldado, que resulta ser galés, y a la misma pregunta del comandante, responde:
–Mis dos manos, señor, porque cuando estábamos siendo bombardeados... bla, bla, bla...
–Impresionante, soldado –contesta el comandante–. Alférez, mídalo.

Y el alférez mide la distancia al galés de mano a mano y le pagan a éste 8.000 libras. Llega el tercer soldado, que es escocés, y el comandante le pregunta:
–Soldado, ¿qué partes de su cuerpo cree que simbolizan el amor con que ha defendido al Imperio británico?
–Señor, yo he luchado con gran valor –responde el escocés–. Creo que lo que simboliza los sacrificios que he hecho por la patria son, con perdón, mis huevos, señor.
–¿Qué? Pero, ¿está usted seguro?
–Sí, lo ha oído bien. Quiero que midan la distancia entre mis cojones, señor.
–Bueno, como quiera. Alférez, mídale la distancia.
El soldado escocés se baja los pantalones, el alférez se agacha para medir, mira un momento, levanta la cara con sorpresa y grita:
–¡Soldado, usted sólo tiene un huevo!
A lo que el escocés responde:
–El otro está en el hospital militar de Goose Green, islas Malvinas, señor.

Un maño y un francés discuten sobre quién es el dueño de un pato. Al cabo de largo tiempo de bronca infructuosa, propone el maño:

–Mira, lo que podemos hacer es echar un pulso. Aquel de nosotros que le pegue al otro la patada más fuerte en los cojones, se queda el pato.
–Vale, de acuerdo, empieza tú.
El maño pega al francés tal patada, que duele sólo con decirlo. Cuando el francés se ha recuperado del percance y va a dar su «versión» al maño, éste le dice:
–Pero, ¿qué dices? ¿Que ahora me pegas tú a mí? ¡Venga ya! ¿Vamos a discutir por un pato?

¿Cuál es el colmo de un machote?
–Que se apene por tener tan pequeño el pene.

******

¿Cuál es el colmo de una playa nudista?
–Que a los hombres les hagan un nudo en el pene para evitar a los exhibicionistas

Un mutilado de guerra acude a unas oposiciones y las aprueba. El día en que se incorpora a su puesto, el jefe le comenta:
–Veo que ha alegado usted minusvalía. ¿De qué se trata?
–En la guerra perdí los testículos.
–Ah, bueno.
–A propósito –pregunta el mutilado–, ¿cuál es el horario de trabajo?
–Hummm... Usted, de 12 a 3.
–Pero, ¿no es de 8 a 3?
–Sí, nosotros venimos de 8 a 3, pero como hasta las 12 nos tocamos los cojones...

¿Por qué los judíos no tienen pelos en las piernas?
–Porque están de Pilatos hasta los cojones.

Era un cura tan basto, tan basto, que en vez de hostias para comulgar daba patadas en los cojones.

CÓMO SE DICE...

Cómo se dice,
ficticia pero acertadamente,
en diferentes idiomas, palabras
y expresiones aprovechando el
riquísimo valor onomatopéyico
mezclado con grandes dosis
de humor. La exageración
y el juego de palabras
tienen en este apartado
el éxito asegurado.

¿Cómo se dice «café amargo» en chino?
–Chin–achucar.

¿Cómo se dice «suegra» en ruso?
–Ssstorba.

¿Cómo se dice «hicieron trampa con la quiniela» en congolés?
–Hubo tongo con la tómbola.

¿Cómo se dice «me duele la cabeza» en africano?
–Mezumba melón.

¿Cómo se dice «ginecólogo» en japonés?
–Telatoko unpo kito.

¿Cuál es el colmo de un mudo?
–Narrar una pelea de boxeo.

¿Cómo se dice «ginecólogo» en chino?
–Yosikojochuchita.

¿Cómo se dice «eyaculación precoz» en japonés?
—Yatá.

¿Cómo se dice «espanta el insecto» en japonés?
—Mekito el moskito.

¿Cómo se dice «ocultista» en japonés?
—Yosako Hojito.

¿Cómo se dice «lluvia» en árabe?
—Tevamojá.

¿Cómo se dice «chaparrón» en árabe?
—Tevamojamá.

¿Cómo se dice «paraguas» en árabe?
—Panomojame.

¿Cuál es el colmo de un tartamudo?
—Devolver el periquito a la tienda de mascotas alegando que le hace burla.

¿Cómo se dice «aviador» en ruso?
—Mekay Goploff.

¿Cómo se dice «se me cayó la escupidera y se me derramó la caca» en ruso?
—Cataplof y popoff.

¿Cuál es el colmo
de los colmos?
—Que un mudo le diga a
un sordo que un ciego
los está espiando.

****

¿Cuál es otro colmo
de los colmos?
—Que un mudo le diga a
un sordo que un ciego
ha visto a un manco
peinar a un calvo.

¿Cómo se dice «buenos días» en venusiano?
—Venus días.

¿Cómo se dice «hazmerreír» en árabe?
—Asme jajá.

¿Cómo se dice «limpia el yate» en árabe?
—Laba la barca.

¿Cómo se dice «moscón» en ruso?
—Mosca toska.

¿Cómo se dice «murmurar y hablar» en alemán?
—Mugen y rugen.

¿Cómo se dice «pon el tocadiscos» en africano?
—Tocatambó.

¿Cómo se dice «besos» en francés?
—Muá-muá.

¿Cómo se dice «precioso» en japonés?
—¡Kimono!

¿Cómo se dice «*stop*» en japonés?
–Kié To Aí.

¿Cómo se dice «paseo» en guaraní?
–Caminaré Porahí.

¿Cómo se dice «nene come» en griego?
–Tomasopatomapapa.

¿Cómo se dice «dije» en francés?
–Acoté.

¿Cómo se dice «barco sucio» en chino?
–Lanchachancha.

¿Cómo se dice «viuda» en chino?
–Tausaa.

¿Cómo se dice «espejo» en chino?
–Chi choi yo.

¿Cómo se dice «picazón» en ruso?
–Rascarroncha.

En el otorrino:
–Le felicito. Su prueba auditiva es favorable.
–Perdón, ¿cómo dice?

****

–Oye, ¿qué es peor, la ignorancia o el desinterés?
–Ni lo sé ni me importa.

61

COMPUTADORAS, ORDENADORES E INFORMÁTICOS

Informática, ordenadores, lo último en tecnología al alcance del pueblo. Cuántos problemas generados para solucionar otros. La informática ha dado lugar a un lenguaje nuevo, tan extenso que hay quien no sabe ni por dónde empezar.

Definición de virus:

Creencia de usuarios inexpertos de que una fuerza maligna exterior es la causante de sus errores en el ordenador.

Cuando una compañía de software dice esto de sus productos, lo que realmente quiere decir es:

☺ *Nuevo:* tiene colores distintos a la versión anterior.
☺ *Cumple con los estándares de calidad:* formatea sin errores.
☺ *Fácil de configurar:* todos los parámetros están fijos.

¿Cuántos ingenieros de soporte técnico de Microsoft se necesitan para cambiar un programa?:

Cuatro:
☺ Uno que pregunta: ¿Cuál es el número de registro de su programa?
☺ Otro que pregunta: ¿Lo ha intentado haciendo *reset*?
☺ Otro que pregunta: ¿Ha intentado reinstalándolo?
☺ Y el último que dice: Debe ser su *hardware*, porque el programa de nuestra oficina funciona muy bien.

LA AUTÉNTICA DIFERENCIA ENTRE EL *HARDWARE* Y EL *SOFTWARE* ES QUE EL *HARDWARE* SE VUELVE MÁS RÁPIDO, PEQUEÑO Y BARATO CON EL TIEMPO, MIENTRAS QUE EL *SOFTWARE* SE HACE MÁS GRANDE, LENTO Y CARO.

Un estudiante de ingeniería en ordenadores enseña un programa al profesor y le pregunta:
–Profesor, ¿dónde está el error?, ¿en qué parte del código?
El profesor mira el programa, luego mira fijamente al estudiante, mueve la cabeza lentamente de izquierda a derecha y dice:
–En tu ADN.

Mi ORdeNADOR ME GANA al AjEdREZ, PERO YO le GANO boxeANdo.

Un informático despistado va a hacer una conferencia y está en el *hall* del hotel con las maletas. Su esposa no confía en él para encargarse del papeleo del hotel, por lo que le dice:
–Mira, voy a firmar en el libro de registro, conseguir la llave y todas esas cosas. Tú quédate aquí vigilando las diez maletas.
Cuando vuelve, el marido le dice:
–Oye, no lo entiendo. Nadie nos ha robado ninguna maleta, pero sin embargo sólo tenemos nueve.
–¿Qué dices? ¡Hay diez!
–No, cuéntalas: 0, 1, 2...

¿Sabéis la gran contribución de los argentinos a la informática?
–Inventaron el biiiiiiite.

Seis razones principales por las cuales Bill Gates quiere ser presidente de los Estados Unidos:

☺ Oyó decir que alguna agencia gubernamental usaba Unix.
☺ Su ego necesita hincharse un poco.

☺ Piensa que sería agradable ser el presidente de dos grandes negocios.
☺ Perdió las llaves de su mansión, así que necesita un nuevo lugar para vivir.
☺ Cree que puede usar Microsoft Money para equilibrar el presupuesto.
☺ Quiere hacer de Windows ME el sistema operativo oficial en los Estados Unidos.

El niño a su padre:
—Papá, papá, ¿qué significa «formateando disco C»?

¿Cuál es plato preferido de los informáticos?
—Las patatas chips.

¿Cuál es la diferencia entre un vendedor de automóviles y uno de ordenadores?
—El segundo no sabe cuándo miente.

> PROGRAMAR ES COMO el sexo: un error y hay que soportarlo para el resto de la vida.

Un piloto volaba en una pequeña avioneta con un par de importantes ejecutivos a bordo. Con la avioneta envuelta en densa niebla, se disponía a aterrizar en el aeropuerto de Seattle con menos de 10 metros de visibilidad y de pronto sus instrumentos se apagaron. Así que comenzó a volar en círculos buscando dónde poder aterrizar.

Después de una hora, el indicador de combustible comenzó a parpadear y los pasajeros empezaron a ponerse nerviosos.

Finalmente se abrió un pequeño resquicio en la niebla; a través del mismo podía verse un edificio alto con sólo

HARDWARE: aquello que acaba estropeándose.
Software: aquello que acaba funcionando.

* * * * * *

HARDWARE: lo que se golpea.
Software: la causa.

una oficina con la luz encendida, y en la cual se encontraba trabajando una persona en el quinto piso. El piloto se acercó al edificio, abrió la ventanilla de la avioneta y gritó a la persona del edificio:

–¿Dónde estoy?

Al oír esto, el trabajador del edificio respondió:

–Estás en una avioneta.

Acto seguido, el piloto cerró la ventanilla, ejecutó un giro de 275 grados y realizó un perfecto aterrizaje en el aeropuerto, a cinco millas del edificio en cuestión. En el momento en que el avión se detuvo, el motor se paró por falta de gasolina.

Los pasajeros, sorprendidos, preguntaron al piloto cómo logró realizar ese aterrizaje en medio de tan densa niebla.

–Es simple –dijo el piloto–. Hice a quien trabajaba en el edificio una pregunta simple, y la respuesta que me dio era 100 % correcta, pero absolutamente inútil. Por consiguiente, ésa debía ser la oficina de soporte técnico de Microsoft, y yo sabía que el aeropuerto estaba a cinco millas de ahí.

¿Por qué los elefantes no juegan con el ordenador?
–Porque les da miedo el ratón.

Érase una vez en el servicio telefónico de asistencia técnica del ordenador:

Ring, ring...

–Servicio de asistencia técnica, buenos días.

–Buenos días. Soy Pedro Pérez. Tengo un problema en mi ordenador, en mi teclado falta una tecla...

–¿Cuál?

–La tecla *eniki*.

–Pero, ¿para qué necesita esa tecla?

–El programa me pide que pulse esa tecla...

–Pero, ¿qué programa está utilizando?

–No lo sé, pero dice que pulse la tecla *eniki*. He probado con *Ctrl*, la de *Alt* y la de mayúsculas, pero nada de nada...

–¿Qué hay en su monitor?

–Un jarrón de flores.

–Léame, por favor, lo que aparece en su monitor.

–*Jaiescrín.*

–No, Sr. Pérez. Lo que pone en su monitor, en la pantalla.

–Ahora no pone nada.

–Sr. Pérez, por favor, mire en su pantalla y léame exactamente lo que pone.

–Espere, que lo leo... Pone «*Press eniki to continue*».

–Ah, usted se refería a *any key*. Su ordenador le habla en inglés.

–No, cuando habla sólo emite pitidos.

–Por favor, presione la tecla *Enter*.

–¡Ahi va! ¡Ahora funciona! ¿Así que ésa es la tecla *eniki*? ¡Pues ya podían avisar antes! ¡Muchas gracias y hasta la próxima!

¿¿¿Quiénsehallevadolabarraespaciadora???

Todos los PROGRAMADORES EN ESENCIA SON OPTIMISTAS, HASTA QUE TERMINAN SU PROGRAMA.

****

LOS ORDENADORES SIEMPRE TIENEN UNA EXCUSA; los PROGRAMADORES, NO

Un médico, un ingeniero y un informático están charlando sobre cuál de sus profesiones es la más antigua. Empieza el médico:

–La Biblia dice que Dios creó a Eva de una costilla de Adán. Esto obviamente requiere cirugía y, por tanto, la medicina es la profesión más antigua.

El ingeniero replica:

–Sí, bueno, pero antes de eso, la Biblia dice que Dios separó el orden del caos. Ésta fue, obviamente, una obra de ingeniería.

El informático se echa para atrás en la silla y dice sonriendo tranquilamente:

–Sí, pero, ¿cómo te crees que Dios creó el caos?

> **Es imposible hacer un programa 100 % a prueba de idiotas, ya que éstos son muy ingeniosos.**

Hace bastantes años, un informático estaba pasando una frontera en Egipto con una cinta magnética de ordenador. Los funcionarios de la aduana abrieron la funda y empezaron a sacar la cinta, dejándola tirada en el suelo:

–Pero bueno, ¿qué hacen ustedes? –preguntó el informático sin salir de su asombro. Y le contestaron:

–Estamos comprobando que esta película no contenga escenas pornográficas.

El jefe de una tribu de indios de una reserva de Florida llama al brujo y le pregunta cómo se presenta el próximo invierno. El brujo procede a echar unos huesos, sacrifica unas aves, prepara unas cintas de cuero y, al final, responde al jefe:

–Malo, malo.

Así que el jefe ordena a toda la tribu que empiece a prepararse para el invierno cortando leña, preparando pieles, arreglando las tiendas, etc., y toda la tribu se pone a trabajar.

A los quince días, el jefe vuelve a hablar con el brujo y le pregunta cómo se presenta el invierno a la vista de

las mejoras que han efectuado en el poblado. El brujo vuelve a utilizar su magia y dice al jefe:
–Malo, malo.
Entonces, el jefe reúne a la tribu y ordena trabajar más porque el invierno se promete particularmente duro. Así, nadie en el poblado malgasta un centavo con el fin de disponer de mayores recursos en caso de emergencia. Al cabo de otros quince días se repite la historia y cuando el jefe comunica a la tribu que hay que trabajar más duro todavía, empiezan a oírse voces de protesta e insultos hacia el brujo.
El jefe comienza a preocuparse, por lo que un día decide vestirse con traje y corbata y recurrir a la ciencia: acude a la NASA y pregunta a los expertos cómo se presenta el invierno. Lo conducen a una sala llena de ordenadores y pantallas y los expertos se ponen a realizar varias simulaciones. Finalmente, dicen al jefe:
–Malo, malo.
El jefe, aterrado ante la idea de un motín en el poblado, insiste:
–¿Y ustedes están absolutamente seguros de que va a ser tan malo?
–Hombre –responden los expertos–, los modelos que utilizamos aquí son muy fiables, acertamos el 98 % de las veces. Pero este año, seguro, seguro que va a ser muy malo porque hay una cosa que no falla nunca: los indios llevan dos meses cortando leña...

¿Cuántos Bill Gates se necesitan para cambiar una bombilla?
–Uno: él sujeta la bombilla y deja que el mundo entero gire alrededor de ella.

Un hombre vuela en un globo aerostático y se da cuenta de que se encuentra perdido. Mientras realiza algunas maniobras, ve a un tipo caminando por el campo. El hombre hace descender el globo algunos metros y grita:
–Perdone, ¿me puede decir dónde estoy?
A lo que el hombre que está abajo responde:
–Usted está en un globo aerostático, suspendido a unos diez metros del suelo.
–Usted es informático, ¿verdad? –pregunta el del globo.

–Así es, ¿cómo se ha dado cuenta?

–Bueno, todo lo que usted me ha dicho es técnicamente correcto, pero no resulta de utilidad para nadie.

Y el de abajo replica:

–¿Y usted debe de ser un usuario de ordenador?

–Exacto, ¿cómo lo ha sabido?

–Sencillo. Usted no sabe dónde se encuentra ni hacia dónde va, pero espera que yo lo pueda ayudar. Usted está en la misma situación que antes de que nos encontrásemos, pero ahora cree que la culpa la tengo yo.

Llega el hijo de Bill Gates y pregunta a su padre:

–Papá, tú que eres un experto de los ordenadores, explícame la diferencia entre realidad y realidad virtual.

–Está bien, hijo, pero primero pregunta a tu madre si por un millón de dólares haría el amor con el vecino.

–¡Pero papá, es mi madre!

–Tú ve y pregúntale eso.

Y va a preguntar a su madre:

–Mamá, dice papá si por un millón de dólares harías el amor con el vecino.

–Sí, hijo, por un millón, sí –responde la madre.

El hijo corre hacia donde está su padre y dice:

–Papá, dice mamá que sí haría el amor con el vecino por un millón.

–Bueno, ahora ve y pregunta a tu hermana si haría lo mismo.

El hijo obedece, pregunta a su hermana, y ésta también le responde afirmativamente:

–Papá, ella también haría el amor con el vecino por un millón, pero, ¿qué tiene que ver eso con la realidad y la realidad virtual?

–Verás –explica Bill Gates–, virtualmente tenemos dos millones de dólares, pero en realidad tenemos dos putas en la casa.

¿Qué diferencia hay entre una persona normal y un programador de Microsoft?
–Una persona normal ve una bombilla fundida y la cambia, y un programador de Microsoft intenta convencerte de que el estado normal de la bombilla es fundida.

CORNUDOS

Amantes que salen
por la ventana o se
esconden en el armario,
otros que son pillados en plena
faena, maridos que descubren
el asunto en el peor momento,
o los que sencillamente conocen
el adulterio de su pareja...
Situaciones siempre
embarazosas y
ridículas.

Una mujer está con su amante y en eso que viene el marido:
—¡Rápido, por la ventana, que sólo es un primer piso!
—Pero, María, si está lloviendo a cántaros, que así desnudo me va a dar una pulmonía.
—¡Que mi marido es un bestia!
Sale en pelotas totalmente y se encuentra a unos deportistas haciendo *footing*. El amante se une a ellos corriendo para disimular.
—Y usted, ¿hace siempre *footing* así?
—Sí, sí, es muy sano, porque uno se siente más suelto y no le estorba el chándal.
—¿Y siempre lleva un preservativo puesto?
—No, no, sólo cuando llueve.

El marido llega a casa y se encuentra a su esposa con otro hombre, desnudos en la cama:
—Pero, María, ¿quién es este tipo?
—Me duele decírtelo así, pero la verdad es que algún día tenías que saberlo... Él es quien nos paga las facturas.
—Pues, tápalo, tápalo, que no coja frío.

Unos novios viajaban con otros en el compartimento de un tren. Pasaron por un largo túnel y, cuando se acabó el túnel, le susurró él a ella:

¿Cuál es el colmo de un cornudo?
—Que lo usen de perchero.

* * * * * *

¿Cuál es el colmo de un tonto?
—Encontrarse a su mujer con otro en la cama y pensar que sólo estaban tonteando.

–Si llego a saber que era tan largo, te la meto.
–Pero, ¿cómo?, ¿no has sido tú...?

Regresa el conde de las cruzadas, y manda reunir a todos sus sirvientes. Una vez reunidos, les dice:
–Antes de marcharme mandé que le pusieran a mi esposa un cinturón de castidad con guillotina. Ahora veremos si me fueron fieles, ¡abajo los pantalones!
Todos los sirvientes tienen el rabo rebanado, menos uno. El conde lo llama:
–Ven acá, mi fiel Bertoldo, y di unas palabras a este montón de desvergonzados.
–¡Ggg g ggggg gg!

¿Cuál es el colmo de un financiero?
–Que las faldas de su esposa estén en alza con un banquero.

–Me voy a divorciar. Mi mujer me pide 20.000 cada vez que hacemos el amor.
–¡Qué humillante!
–Sí, sobre todo porque a los demás les cobra 15.000.

–¿Qué te pasa, Paco, que estás tan triste?
–Pues que después de tanto años me he separado.
–Has hecho bien, porque a tu mujer se la habían follado todos los del pueblo. Yo, sin ir más lejos.
–¡Ya me has jodido del todo!
–¿Por qué? ¿Qué te ocurre?
–¡Que me he separado de mi socio!

¿Cuál es el colmo de un bombero?
QUE TENGA UNA MUJER ARDIENTE.

****

¿Cuál es el colmo de otro bombero?
–QUE SIEMPRE APAGUE el fuego pero a él se le quemen las habas por no estar nunca con su mujer.

–Mira, la mujer que acaba de entrar, la cogería y le haría el amor hasta que gritara.
–¡Si es mi esposa!
–Pero pagando, ¿eh?, pagando...

En la Reunión Anual de Hombres Engañados, un asistente afirma:
–Las mujeres siempre engañan a sus maridos. Hasta las que parecen más recatadas. Y las peores son las que tienen los pezones negros: ésas son las más putas.
Otro asistente de la asamblea empieza a dudar:
–¿De qué color tiene los pezones mi mujer? ¿Serán negros o muy marrones?
Piensa, duda, trata de recordar, hasta que no resiste más y decide ir a su casa. Su mujer se halla desnuda en la cama. Le mira los pezones y grita:
–¡Dios mío! ¡Son negros! –y del armario salen seis negros en pelotas.
–¡Qué bárbaro! –contesta la mujer–. ¿Cómo lo has descubierto?

CORTOS

Cortos,
porque breves
palabras y un poco de
ingenio bastan para lograr una
fórmula de humor que poco
tiene que envidiar a otras
de más extensa
exposición.

Era un hombre tan chulo, tan chulo, que se cortó el pene porque le tocaba los huevos.

Era una mujer tan puta, tan puta, que se compraba los zapatos ajustados para que la jodiesen.

¿Cuál es el colmo de un enano?
—Que al morir lo entierren en una caja de zapatos y le quede grande por no ser de su número.

¿Por qué es buena el agua hirviendo para el sexo?
—Porque pone los huevos duros y abre las almejas.

¿Qué es un urólogo?
—Un especialista que te la mira con desprecio, te la toca con asco y te cobra como si te la hubiese mamado.

¿Qué le dice la leche al Cola-Cao?
—Échame un polvo que estoy caliente.

¿Qué usa una elefanta como tampón?
—Una oveja.

¿Qué usa una elefanta como vibrador?
–Un epiléptico.

¿Sabéis que hace una pulga en el coño de una puta?
–*Puenting*.

¿Cómo se llamaba la esposa del inventor del *Chupa-Chus*?
–Chus.

¡Ya estoy harto!, voy a ponerle los cuernos a todo el pueblo: me voy a acostar con mi mujer.

¿Cuál es el tiempo verbal de «no debería haberse roto»?
–Preservativo imperfecto.

Era tan tonto, que lo mandaron a Colombia a por coca y se trajo Pepsi...

Un niño entra en la habitación de sus padres, se los encuentra haciendo un 69 y les dice:
–¿Y queréis llevarme al psicólogo por morderme las uñas?

Amnesia: lo que permite a una mujer que ha parido volver a hacer el amor.

¿Por qué hizo Dios a Adán antes que a Eva?
—Para darle una oportunidad de hablar.

Una madre a su hija:
—Es tan desagradable tu último novio, ¡que seré su suegra con verdadero placer!

Era tan bruto que le robó la billetera a un tipo en un avión y salió corriendo.

—¡Ay, señora! ¡Qué bonitos trillizos tiene!
—No son trillizos, lo que pasa es que Luisito es muy nervioso.

Era un señor que cantaba tan mal, que se acompañaba de un violín, piano, dos guitarras y cinco guardaespaldas.

Se encuentran dos adivinas y una dice a la otra:
—¡Hola!, ¿cómo estoy?
Y la otra le responde:
—¡Bien!, ¿y yo?

En un bar:
—¿Tiene tabasco?
—Sí, en la másquina.

–¡Señora! ¡Su hijo le ha sacado la lengua al mío!
–¿Y por eso tanto escándalo?
–Sí, usted no ha visto cómo sangraba.

Un hombre llega a un bar y la camarera le pregunta:
–¿Qué quiere, café o té?
–Echa-té, nena, echa-té.

–Oiga, ¿no hay algún libro para el cansancio?
–Sí, pero está agotado.

El mayordomo, gritando, al marqués:
–¿¿¿De dónde viene el hijo de puta del señor marqués???
–De comprarme un Sonotone, Sebastián. ¡Considérate despedido!

Un campesino baja al pueblo con su burro y lo ata frente al ayuntamiento. El animal se caga y advierte un policía al campesino:
–Oiga, señor, daré parte de esto al alcalde.
El campesino le contesta:
–Por mí, como si se lo da todo.

Entre mujeres:
–Mi marido es tocólogo.
–Pues el mío es meteorólogo.
–¡Qué suerte tienen algunas!

–Hijo mío, dime una mentira.
–¡Papá!

******

El camino más rápido hacia el corazón de un hombre es a través de su pecho, con un cuchillo afilado.

79

Un policía a una prostituta:
–¿Y qué haría tu madre si te viese aquí?
–Me mataría. Ésta es su esquina.

¿Qué le dijo un huevo a otro huevo?
–Levántate, cabrón, que ya despertó el jefe.

ERA TAN TAN,
PERO TAN TAN,
QUE SE VOLVIÓ
CAMPANA.

¿Cuál es la diferencia entre una novia y una esposa?
–25 kilos.
¿Cuál es la diferencia entre un novio y un esposo?
–45 minutos.

¿Qué es cuando un hombre habla obscenamente a una mujer?
–Acoso sexual.
¿Qué es cuando una mujer habla obscenamente a un hombre?
–10.000 y la cama.

¿Cómo sabes si tu mujer ha muerto?
–El sexo es igual, pero los platos sucios se amontonan.
¿Cómo sabes si tu marido ha muerto?
–El sexo es igual, pero tú tienes el mando a distancia.

En una tienda de artículos militares:
–¿Tienen trajes de camuflaje?
–Sí, pero llevamos dos meses buscándolos.

CRUELES

La crueldad,
llevada a sus límites,
también destila sus dosis de
humor, un humor no siempre
bien entendido y comprendido.
Pero no debemos olvidar
que simplemente se
trata de un
chiste...

Una mujer que realizaba el acto sexual frecuentemente con un amigo nunca estaba conforme con el tamaño del pene del hombre. Aunque éste sobrepasaba los 17 centímetros, siempre le decía:

—¡Más, más, quiero más, esto es poco!

Un día, el hombre agarró un enorme salchichón del refrigerador y lo metió debajo de la almohada. Cuando iban a comenzar la penetración, el hombre tomó el salchichón y se lo metió por completo en la vagina, a lo que la mujer comenzó a gritar.

—¡Ahora sí, ahora sí que me gusta!

El hombre metía y sacaba el enorme salchichón de la insaciable vagina. Ya tenía el salchichón y parte de la mano dentro de la vagina cuando la mujer gritó:

—¡Aguanta, que me la siento en la garganta!

El hombre, sin pensarlo dos veces, le replicó:

—Mastica, mastica, que es salchichón...

Se reunió el Senado romano para ver qué le regalaban a Nerón en el día de su cumpleaños; unos hablaban de comidas, mujeres, etc., pero nadie se ponía de acuerdo, hasta que uno de los senadores tuvo la brillante idea, teniendo en cuenta el carácter sanguinario del emperador, de regalarle un hombre clavado en una cruz.

Al fin llegó el día del cumpleaños y, al anunciarse el regalo del Senado, se abrieron las puertas y entró una enorme cruz; en ella, semidesnudo, un hombre clavado por las manos y los pies.

Nerón sonrió, le gustó el regalo, pero al recorrer de pies a cabeza al hombre moribundo en la cruz, observó que murmuraba unas palabras. El emperador, ofendido, gritó:
—¿Aún te atreves a hablar delante de tu emperador?
Uno de los guardias, con una enorme lanza, le pinchó el vientre y le objetó:
—¡Silencio ante el emperador!
El moribundo seguía balbuceando, y entonces el propio Nerón tomó la lanza y le atravesó los testículos. Pero el hombre seguía moviendo su boca. Con un mazo le partieron las rodillas para que se callara, pero el hombre seguía balbuceando palabras. Entonces Nerón, intrigado, ordenó:
—Traedme una escalera, quiero saber qué dice este infeliz antes de que muera.
Trajeron la escalera. Nerón se subió, acercó la oreja a la boca del crucificado y escuchó sus palabras:
—¡Happy birthday to you, happy birthday to you, happy birthday Nerón, happy birthday to you!

En unos Juegos Olímpicos para minusválidos y discapacitados, un nadador que carece de brazos y de piernas pretende participar en una prueba de natación ante el asombro de todo el mundo.
Se tira a la piscina, pero al instante ha de ser rescatado porque se ahoga. Cuando es tendido sobre la camilla para su traslado al hospital, se acerca su entrenador, muy enojado, y le grita:
—¡Estúpido, diez años enseñándote a nadar con las orejas y se te ocurre ponerte un gorrito!

¿Cuál es el colmo de un ciego?
—Llamarse Casimiro Buenavista y vivir en el noveno B.

****

¿Cuál es el colmo de un inválido?
—Estar bailando salsa sin que le pisen los zapatos.

CURAS Y MONJAS

La religión católica,
con sus curas, sus monjas
y su voto de castidad (no
siempre respetado rigurosamente),
plantea situaciones jocosas y
jugosas. El pecado de la
carne sigue siendo el
pecado «compartido»
con más placer.

En el confesionario:
–Padre, he cometido el pecado de la carne.
–Es grave, hijo mío. ¿Cuántas veces?
–¡Padre, he venido a confesarme, no a fanfarronear!

Una joven se va a confesar y dice al cura:
–Padre, me siento locamente enamorada de usted, no puedo soportarlo más. Sé que eso es un pecado y quiero arrepentirme. Padre, ¿cree que me salvaré?
A lo que el cura le contesta:
–Hija, te vas a salvar porque tengo una boda en cinco minutos; si no, ¡no te salva ni Dios!

¿Por qué en las iglesias se está tan serio si es donde se recibe la gracia de Dios?

–Padre, me acuso de que mi novio es un hijo de puta.
–¡Pero, hija! ¿Cómo llamas hijo de puta a tu novio? ¿Qué ha pasado?
–Pues que el otro día me tomó la mano...
–Mira, yo también te la tomo y no soy un hijo de puta.
–Sí, bueno... pero es que mi novio después me tocó las tetas.
–Mira, yo te estoy tocando las tetas y no soy un hijo de puta.
–Además, me tocó el culo.
–Te toco el culo y no soy un hijo de puta.
–Sí, pero es que mi novio, además, me hizo el amor.

–Pues yo también te hago el amor y no soy un hijo de puta.
–Sí, pero mi novio tiene el sida.
–¡Qué hijo de puta!

Se pierden un sacerdote y una monja en una tempestad de nieve. Llegan a una cabaña pequeña y, sintiéndose agotados, se preparan para acostarse. Había una pila de mantas y un saco de dormir en el suelo, pero sólo una cama. Cortésmente, el sacerdote propone:
–Hermana, usted duerma en la cama. Yo dormiré en el suelo, en el saco de dormir.
Inmediatamente, el sacerdote se mete en el saco y sube la cremallera para cerrarlo; comienza a quedarse dormido cuando la monja dice:
–Padre, tengo frío.

Donde actúa un cómico está Dios porque es donde está «la gracia».

El cura baja la cremallera del saco, se levanta, busca una de las mantas y cubre a la monja con ella. De nuevo, el cura se mete en el saco, sube la cremallera para cerrarlo y comienza a cerrar los ojos cuando la monja dice de nuevo:

–Padre, sigo teniendo mucho frío.

El sacerdote desabrocha el saco, se levanta otra vez, busca otra manta, la extiende sobre la monja y se mete en el saco de nuevo. Apenas sus ojos se cierran, cuando la monja dice:

–Padre, me estoy congelando.

Esta vez, él permanece en el saco y responde:

–Hermana, tengo una idea. Estamos a millas de cualquier ser humano, alejados completamente de la civilización. ¿Por qué no actuamos como si fuéramos marido y mujer?

–Por mí no hay problema –contesta la hermanita con voz coqueta.

A lo que el cura responde gritando:

–¡Pues levántate de la cama y busca tu propia manta!

–Hermanos: hoy vamos a hablar de la mentira y de los mentirosos. ¿Cuántos de vosotros recordáis qué dice el capítulo 32 de San Lucas?

Y en eso que todo el mundo levanta la mano.

–Precisamente a eso me refiero. El evangelio de San Lucas sólo tiene 24 capítulos.

Un señor compra un pollito y, cuando va a subir al autobús, le dice el conductor:

–Lo siento, señor, pero no se admiten animales y no puede subir.

El señor empieza a pensar dónde puede esconder al pollito. Se baja la cremallera de los pantalones y lo esconde. Al llegar el siguiente autobús, sube y se sienta al la-

do de una monja. Al cabo de un rato se le baja un poco la cremallera y el pollito asoma la cabeza. La monja, al verlo, dice al señor:
—Perdone, señor, yo no entiendo mucho de eso, pero creo que se le ha roto un huevo.

El cura:
—¿Aceptas por esposa a María, aquí presente?
—¿Otra vez con lo mismo? ¡Si ya dije que sí a su ginecólogo y a su padre!

Un misionero está en plena selva y se encuentra de bruces con un león casi muerto de hambre. El misionero se asusta, se pone de rodillas y empieza a rezar:
—Padre todopoderoso, infunde a este pobre león sentimientos cristianos...
Se hace el silencio y, de buenas a primeras, el león se pone también de rodillas y dice:
—Padre, bendice estos alimentos que voy a recibir...

El obispo echa la bronca a un cura de pueblo:
—Que te pongas vaqueros en vez de sotana, vale; que te vistas con camisas hawaianas, vale; que te cuelgues un zarcillito en la oreja izquierda, vale; que te hagas una coleta con el cabello, vale, ¡pero que en Semana Santa pongas un cartel de «Cerrado por defunción del hijo del jefe», eso sí que no!

DEMONIOS

Los demonios,
esos ángeles caídos
y llenos de malas ideas y
peores intenciones, no dejan de
gozar de cierta ingenuidad y
malicia infantil que, de alguna
manera, los hace entrañables
y divertidos.

Llegan los demonios al cielo para organizar un partido de fútbol amistoso con los ángeles.

–No tiene sentido. Nosotros, los ángeles, tenemos a los mejores jugadores.

–Sí, pero nosotros tenemos a todos los árbitros –responden los demonios.

Paco, el jorobado, pasea por el campo. De pronto, un estruendo y aparece Lucifer:

–¡Tú!, ¿qué llevas en la espalda?

–Yo, yo... una joroba.

–Pues, ¡flis, flas!, ¡ya no la tienes!

Y con el movimiento de manos de Lucifer, la joroba desaparece. Al día siguiente, el jorobado se encuentra con su amigo Pepe, que es cojo.

–Pepe, tienes que creerme. El tipo hizo ¡flis, flas! y me quitó la joroba.

–Bueno, pues voy a ir yo, a ver si me quita la cojera, que me tiene jodido.

Y allá se va el cojo al mismo lugar del campo. De pronto se oye el estruendo y aparece Lucifer:

–¡Tú! ¿Qué llevas en la espalda?

–Yo, ¿en la espalda? Nada...

–Pues... ¡flis, flas! ¡Ahí tienes una joroba!

¿Cuál es el colmo de un jorobado?
–Estudiar derecho.

Dos niños hablan de lo que han aprendido en clase de religión.

—Oye, ¿tú qué piensas de ese tal Satanás?

—Psché, acuérdate de lo que pasó con los Reyes Magos o con el Ratoncito Pérez; seguro que Satanás también son los padres.

¿Cuál es el colmo de un cementerio?
—Que esté cerrado por defunción.

ESTUDIANTES

El mundo estudiantil
es percibido generalmente
como un mundo bohemio,
irresponsable y divertido.
El humor sobre estudiantes es
antiquísimo y ha dado sus
risas y sonrisas a lo
largo de los años.

Para que después digan que en la universidad no se aprenden cosas. Esto sucedió realmente en la Universidad de Harvard. En una clase de biología, el profesor estaba hablando de los altos niveles de glucosa hallados en el semen. Una jovencita levantó la mano y preguntó:
—Si le he entendido, ¿está afirmando que hay un montón de glucosa, como el azúcar, en el semen masculino?
—Es correcto, —respondió el profesor, y fue a añadir información estadística.
Levantando la mano de nuevo, la chica preguntó:
—Entonces, ¿por qué no sabe dulce?
Tras un silencio estupefacto, la clase al completo estalló en risas. La cara de la pobre chica se volvió de color rojo brillante cuando se dio verdadera cuenta de lo que había dicho inadvertidamente. Cogió sus libros sin decir una palabra y salió de clase con la intención de no regresar. Sin embargo, mientras cruzaba la puerta, la respuesta del profesor fue clásica. Totalmente en serio, respondió a su pregunta:
—No sabe dulce porque las papilas gustativas para el dulzor están en la punta de la lengua y no en el fondo de la garganta.

¿Cuál es el colmo de la cultura?
—Que le hagan una escultura hiperrealista y que no se le parezca en nada.

Estando los estudiantes de medicina en clase, su maestro les dice:
—Para este trabajo se requieren dos cualidades; la primera, no ser asqueroso.

Entonces mete un dedo en el ano del cadáver que tiene delante, se lo mete en la boca y dice:
—Ahora hagan todos lo mismo.
Y todos los alumnos meten el dedo en el ano del cadáver y luego se lo chupan. Cuando terminan, el profesor dice:
—La segunda cualidad es la observación, pues yo le metí el dedo anular y me chupe el índice.

No es lo mismo libros de texto, que detexto los libros.

****

¿Cuál es el colmo de un filósofo?
—Ser bajito y meterse en un pozo para pensar más profundamente.

Un estudiante de piano demuestra a su padre lo que sabe hacer tocando una sonata. Al terminar le pregunta:
—¿Qué te ha parecido, papá?
—Hijo mío, si eso es lo que tenías en la cabeza, me alegro de que por fin lo hayas echado fuera.

—¡Qué bien!, mi padre ha encontrado la manera de alegrarse con las notas que traigo del colegio.
—¿Ah, sí?, y ¿qué hace?
—Apuesta con los amigos a que me suspenderán y siempre gana.

—Alfonsito, eres el último de la clase y eso no puede ser. ¡Has de mejorar el puesto!
—Lo siento, papá, eso que me pides es imposible, todos los demás puestos están ocupados.

—Papá, dice el profesor que no me ayudes más a hacer los deberes, que yo ya me sé equivocar solo.

La profesora pregunta en clase a una alumna:
–¿Cuándo Colón descubrió América?
–¡Uy!, debió de ser hace mucho tiempo, yo todavía no había nacido.

–Juanito, ¿por qué no quieres ir al cole?
–Porque el profe no sabe nunca nada y anda siempre preguntándolo todo.

–¿Cómo se llama tu profesor?
–Jaime.
–¿Y tú, cómo te llamas?
–Yo también.
–Yo también, ¿cuántos años tienes?

–¡Jo!, la profesora me ha vuelto a castigar por culpa de mi letra.
–Mira que te digo que te esfuerces en hacer la letra más clara, –contesta la madre.
–Sí, hombre, entonces se me notan las faltas de ortografía y aún es peor.

FEMINISTAS

Las mujeres, en estos
últimos cien años, mucho
han dado que hablar. Con el
tiempo han aparecido, más que
nunca, chistes en los que el
personaje ridiculizado no
es la mujer, sino el
siempre magnificado
macho.

¿Por qué hacen falta millones de espermatozoides para fertilizar un solo óvulo?
–Porque los espermatozoides son masculinos y se niegan a preguntar cuál es el camino.

¿Con qué tres animales sueña una mujer en su vida?
–Con un Jaguar en la puerta, con un visón en el armario y con un tigre en la cama.
¿Qué tres animales tiene una mujer durante su vida?
–Un Panda en la puerta, un conejo en el armario y un cerdo tirado en el sofá.

¿En qué se parece un hombre a un rumor?
–En que los dos se «corren» enseguida.

¿En qué se parecen los hombres a los cepillos de dientes?
–En que sin la pasta no son nada.

¿Qué es un hombre?
–La piel que le sobra al pene.

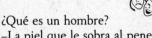

LOS HOMBRES SON COMO LOS ROTULADORES, YA NO VALEN CUANDO SE LES SECA LA PUNTA.

¿Por qué valen más las mujeres que los hombres?
—Porque dos litros de leche valen más que dos huevos.

¿En qué se parecen los hombres a una escoba?
—En que sin el palo no sirven para nada.

LAS FALDAS CORTAS HACEN
QUE LOS HOMBRES SE
COMPORTEN DE MANERA
EDUCADA. ¿HABÉIS VISTO
ALGUNA VEZ A UN HOMBRE
SUBIRSE A UN AUTOBÚS
DELANTE DE UNA CHICA
CON MINIFALDA?

¿Qué es lo único que le cuelga al hombre después de casarse?
—La corbata.

¿Sabes qué es un esposo?
—Un hombre que jode mucho y folla poco.
¿Y una esposa?
—Una mujer que ha pasado muchas navidades, pero pocas noches buenas.

¿Cómo se congela a un cerdo?
—Quitándole el edredón...

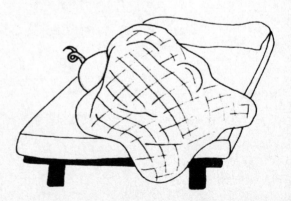

¿Por qué un hombre no puede ser guapo e inteligente a la vez?
–Porque sería una mujer.

¿En qué se diferencia un camión cargado de cerdos a otro cargado de hombres?
–En la matrícula.

¿Por qué existen los hombres?
–Porque los vibradores aún no invitan a copas.

¿En qué se parece los hombres a los caracoles?
–En que tienen cuernos, babean y encima se arrastran. Y por si fuera poco, se creen que la casa es suya.

¿Por qué los hombres son hombres y las ratas son ratas?
–Porque las ratas eligieron primero.

¿En qué se parecen los hombres a los pedos?
–En que te los tiras cuando quieres.

¿Qué le sucede a un hombre cuando tiene serrín en el hombro?
–Padece un derrame cerebral.

EXISTEN TRES ANIMALES domésticos que cumplen la misma función que un marido: Un perro que gruñe por la mañana, un loro que suelta palabrotas toda la tarde y un gato que llega a casa muy tarde por la noche.

¿Por qué las hombres deberían estudiar en un submarino?
—Porque muy en lo profundo son inteligentes.

¿Por qué no se casan las mujeres?
—Porque para cien gramos de chorizo se tienen que llevar todo el cerdo.

¿Por qué son mejores las pilas que los hombres?
—Porque al menos las pilas tienen un lado positivo.

¿Por qué fingen las mujeres el orgasmo?
—Porque creen que nos importa.

¿En qué se parecen los hombres al parchís?
—En que se comen una y cuentan veinte.

¿Cuál es la forma de conseguir que un hombre pase un fin de semana entretenido?
—Lo pones en una habitación redonda y le dices que barra las esquinas.

¿Por qué las mujeres siempre tienen problemas para aparcar el automóvil?
—Porque los hombres siempre les han enseñado que un «pedazo de carne» mide medio metro.

¿Por qué les sale barriga a los hombres pasados los treinta años?
—Para que no vean cómo se les queda flácido el pene.

¿En qué se parecen los dinosaurios a los hombres inteligentes?
—En que los dos se extinguieron.

¿Por qué los hombres tienen columna vertebral?
—Porque, de no tenerla, pasarían el día chupándosela.

¿En qué se parece un hombre a una gasolinera?
—En que de los pies a la cintura es súper; de la cintura al cuello es normal, y del cuello para arriba es sin plomo.

UNA MUJER NO SABE QUÉ TIPO DE MARIDO NO QUIERE HASTA QUE SE CASA CON ÉL.

¿Por qué los hombres son tan malhablados?
—Porque así pueden lavarse la boca con cerveza.

¿En qué se parecen un hombre a un robot?
—En que no tiene cerebro, no sabe hacer nada sin las instrucciones oportunas, es muy artificial y cuando no vale para nada, lo llevas a reciclar y lo cambias por uno más eficiente.

Los hombres son como los retretes: o están ocupados, o están llenos de mierda.

Hombres, sólo sirven para una cosa, y encima lo hacen mal.

****

El 99 % de los hombres da una mala reputación al resto.

****

La mayoría de los hombres ponen nombre a su pene porque no quieren que un extraño tome el 99 % de sus decisiones.

¿Por qué Dios hizo antes al hombre que a la mujer?
—Porque primero se hacen las cosas en sucio.

¿Por qué los hombres tienen la conciencia limpia?
—Porque no la han usado nunca.

¿En qué se parecen los hombres a los delfines?
—En que se cree que son inteligentes pero nadie lo ha demostrado aún.

¿En qué se parece un hombre a un microondas?
—Ambos se calientan en 15 segundos.

¿En qué se parecen los hombres a los mocos?
—Te molestan y te los quitas de encima, pero siguen apareciendo más.

¿En qué se parecen los hombres y las botas de cuero?
—En invierno los dos pesan y ¡no calientan un carajo!

¿Cuál es la diferencia entre un bar y un clítoris?
—Cualquier hombre es capaz de encontrar un bar.

¿Qué hace un hombre en la cama tras hacer el amor?
—Estorbar.

¿En qué se parecen los hombres a los enterradores?
–En que están interesados tan sólo en el cuerpo.

¿Qué tienen en común los hombres y los azulejos?
–Si los pones en su sitio correcto desde el principio, puedes pisarlos durante el resto de tu vida.

Los tíos son como los músicos. Llegan, tocan y se van. Y además, si no tocan, se inventan la melodía.

¿Cuántos hombres se precisan para cambiar una bombilla?
–Ninguno, se sientan en la oscuridad y protestan.

¿En qué se parecen los hombres a las pizzas?
–En que los llamas por teléfono, y a los cinco minutos están calientes en la puerta.

¿Por qué los hombres se ponen tan contentos cuando terminan un puzzle en dos meses?
–Porque en la caja ponía de tres a cinco años.

¿Quién apesta más a los 80 años, las mujeres o los hombres?
–Los hombres, porque llevan dos huevos podridos y un pájaro muerto.

¿Por qué los hombres, cuando se sientan, siempre abren las piernas?
–Porque si las cruzaran se aplastarían el cerebro.

FIDEL CASTRO

De nuevo, el gobernante de un país que protagoniza chistes y anécdotas humorísticas para desdramatizar, quizá, una situación social de difícil solución.

Se encuentra Fidel Castro con Pepito y le pregunta:
–Oye, niño, ¿tú sabes quién soy yo?
–No, señor, no sé quién es usted.
Fidel, enojado porque Pepito no le reconoce, lo castiga:
–Por no conocerme, te voy a castigar a decir veinte palabras que empiecen con la letra ce, para que nunca más te olvides de mi nombre, que es Castro.
Y Pepito dice:
–Bueno, aquí voy:
Compañero,
comandante,
Castro,
¿cuándo
carajo
comeremos
cangrejos
con
cervezas de
cristal
como
comen los
cabrones
comemierda del
comité
central
comunista
cubano?
Y Fidel, sorprendido, exclama:
–¡Coño!

105

A lo que responde Pepito:
—¡Vaya! Ésa fue la que se me olvidó.

Entran Fidel Castro y José María Aznar, presidente del Gobierno español, en un bar, y éste pide:
—Para mi amigo, un «Cuba-libre».
Y Fidel responde:
—Para mi amigo, unas rodajitas de «chorizo ibérico».

Fidel Castro y su hermano sobrevuelan La Habana en helicóptero. Fidel dice:
—Voy a tirar un billete de veinte pesos al aire y así haré feliz a un cubano.
A lo que su hermano le inquiere:
—¿Y por qué no tiras dos billetes de diez pesos y así haces felices a dos cubanos?
—Buena idea —responde Fidel—, pero se me ha ocurrido una todavía mejor: voy a tirar cuatro billetes de cinco pesos y así haré felices a cuatro cubanos.
Al final, el piloto del helicóptero se harta, se da la vuelta y les sugiere:
—¿Por qué no hacen felices a varios millones de cubanos y se tiran ustedes?

¿CuÁL ES EL COLMO DE UN MENTIROSO?
—ECHARSE UN PEDO EN EL VELATORIO Y CULPAR AL MUERTO.

Un cubano logra escapar de su país y llega a las costas de Florida dentro de una lata de sardinas. Ante el suceso, y en la rueda de prensa, los asombrados periodistas le preguntan:
—¿Y cómo logró meterse dentro de una lata de sardinas?
—Eso fue relativamente fácil —respondió el cubano—, lo más difícil fue conseguir en Cuba una lata de sardinas.

FÚTBOL

El fútbol, que comenzó siendo un entretenimiento, se ha convertido en algo diferente. El fútbol de nuestros días puede dividir a las personas, incluso causa víctimas entre los aficionados. ¿Será por eso que es un buen tema en el que se inspiran los humoristas?

El otro día, un tipo fue a comprar una entrada de gol en un campo de fútbol y le dijeron que de gol no quedaban entradas, sólo tenían de ¡uuuuuy!

Dos amigos acuden por primera vez a un partido de fútbol. Ambos no se enteran de qué va la cosa y al cabo de un rato se percatan de que todo el campo está insultando al árbitro. A esto, que uno de los amigos pregunta al otro:
—Oye, ¿a quién le están diciendo eso?
—Al de negro.
—¡Ah!, no me extraña, lleva media hora en el campo y todavía no ha tocado bola.

Un hombre entra en una tienda de deportes y le pide al dependiente:
—Oiga, ¿tiene camisetas del Real Madrid?
—Sí, por supuesto. ¿La quiere de jugador, de portero o de árbitro?

En un partido de una final de fútbol, un aficionado se extraña de ver un asiento vacío, por lo que pregunta al vecino de al lado:
—Oiga, ¿usted sabe qué sucede con ese asiento?
—Sí, pertenecía a mi esposa, pero murió.
—Ah, lo lamento, pero ¿cómo es que nadie le ha pedido la entrada para ver la final?
—No sé, no lo entiendo, todos querían ir al funeral.

GALLEGOS

¿Qué tendrán
los gallegos que no tengan
los habitantes de otra comunidad
autónoma para ser de los más
reconocidos y recurridos a
la hora de recrear una
situación cómica?
Descúbralo.

¿Por qué las calles de Galicia están solitarias?
—¡Porque todos los gallegos están en los chistes!

Va un gallego al cine con su novia y, en mitad de la película, ella le dice:
—Paquiño, me caigo.
—No te preocupes, Marusiña, que yo te agarro por el culiño y te subo *pa* arriba.
El novio le pone la mano en el culo y exclama:
—¡Marusiña, por mi madre, que esto es mierda!
—¿Pues no te dije, Paquiño, que me *caigaba*?

Llega un gallego a una tienda de electrodomésticos y pregunta al vendedor:
—Hombre, ¿en cuánto me vendes ese televisor?
El vendedor le contesta:
—No, señor, aquí no vendemos a gallegos.
El gallego se marcha y piensa:
—¡Jolines!, pero ya sé cómo voy hacer para que no sepa que soy gallego.
Se viste de árabe y acude otra vez a preguntar:
—Señor vendedor, ¿en cuánto me vende ese televisor?
—Señor, ya le dije que aquí no vendemos a gallegos —contesta el vendedor.
El gallego ya está enojado y grita al vendedor:

–¡Jolines!, ¿cómo descubrió que soy gallego?
El vendedor le dice:
–Porque eso no es un televisor, sino un horno microondas.

Un gallego está buscando un libro sobre agricultura. En la librería, el empleado le dice:
–Llévese éste. Cuando lo haya leído, tendrá ya medio trabajo hecho.
A lo que el gallego contesta ilusionado:
–Entonces, déme dos ejemplares.

Manolo llega a la peña con sus amigos muy triste, después de haber estado con el médico:
–¡Compañeros!, tengo *amibas*.
Su amigo Venancio responde:
–¡Preséntalas!

Llega el cartero a la casa del gallego y grita:
–¡José Zacarías!
El gallego, abriendo la puerta, contesta al cartero:
–¡Y Domínguez, que tengo madre!
El cartero, entregándole el telegrama, responde:
–¡Tenía, tenía…!

Un grupo de gallegos de monte adentro fueron a Madrid a trabajar en la construcción de un hotel. El jefe dijo a uno de ellos:
–Cuéntame la gente para ver si están todos.
–Uno, dos, tres…, veintitrés y veinticuatro. ¡Epa!, jefe, que aquí falta un gallego.
–¿Cómo es posible? –replicó el jefe.

Y pidió a otro gallego que contara:
—Uno, dos, tres..., veinticuatro, jefe, que este otro paisano tenía razón, aquí falta un gallego.
El jefe los contó y había veinticinco. Entonces se dio cuenta de que el gallego que contaba al resto dejaba de contarse él.
—Vamos a ver —ordenó el jefe—. Caguen cada uno sobre esta hierbita. Y tú —señalando al primer gallego que contó—, cuenta después las cagadas.
Así lo hicieron y el gallego contó veinticinco, tras lo cual dijo:
—¡Epa!, jefe, verdad que ustedes, los madrileños, son inteligentes: hasta de una plasta de mierda sacan a un gallego.

¿Cómo se sabe que un gallego acaba de usar el ordenador personal? —Porque la pantalla está llena de líquido corrector.

Al insigne gallego le dictaron un número telefónico:
—Anota, Manolo, tres, cuarenta y seis, nueve, cero, cuatro, siete.
El gallego apuntó: 46 46 46 000000000 7777.

Un par de gallegos dispuestos a poner una zapatería oyen que los mejores zapatos son los de cocodrilo. Agarran una barca y se van a cazar cocodrilos. Después de haber cazado ya más de cincuenta ejemplares, uno dice al otro:
—Mira, si cazamos otro más sin zapatos, me largo.

GAYS

Los homosexuales siempre han sido motivo de risas y no han inspirado pocos chistes despiadados. Actualmente, gracias a una mayor tolerancia, el humor se ha refinado y ya no adopta un tono condenatorio.

Entra un gay en un bar, llega el camarero y le dice:
–Tome usted la carta.
Entonces dice el gay:
–¡Uy!, acabo de llegar y ya me han escrito...

Entre dos amigas:
–¿Sabes, Isabel? Creo que mi hermano, el de 14 años, se está volviendo gay. Usa la maquinilla de afeitar.
–Bueno, eso es normal en un chico de esa edad, Carolina. Ten en cuenta que suele empezar a salirles barba.
–Sí, pero él la usa para afeitarse el pecho y las piernas.

¿Cuál es el colmo de la sumisión?
–Que te estén dando por el culo y tengas que pedir perdón por dar la espalda.

–¿Conoces el cuento del mariquita que estaba subido en un árbol?
–No.
–Baja, que te lo cuento.

–¿Cómo sabes si estás en un bar de lesbianas?
–Porque no hay bolas ni sobre la mesa de billar.

−¡Estoy traumatizado! La semana pasada descubrí que mi hijo mayor es gay.
−¡Uyyy! Pues vaya...
−Sí, pero eso no es todo, ¡el mediano también lo es! Y ayer descubrí que el pequeño ¡también es marica! Para colmo de los males, hoy me han contado que mi hermano Felipe ¡es gay desde hace veinte años!
−Pero, ¿qué pasa? ¿Es que a nadie de tu familia le gustan las mujeres?
−Sí, a mi esposa.

¿Cuál es el colmo de un machista?
−Casarse con un travesti operado, pero operado del apéndice.

Dos de pueblo:
−¡Antonio! ¿Sabes que el Indalecio es homosexual?
−¡Que va a ser homosexual si no tiene estudios ni *ná*, y además es medio maricón!

Era un tipo tan rápido, tan rápido, que se puso a dar vueltas alrededor de un árbol y se dio por el culo.

HOMBRES

Cómo no iba
a haber un apartado para
ellos solitos. Los hombres y sus
dobles mensajes: lo que realmente
piensan y lo que finalmente dicen
son testimonio de que la
cobardía, la ingenuidad y
el machismo pueden
dar mucho
juego.

Lo que ellos dicen:
—¡Me voy de ligue!
Lo que quieren decir:
—Me voy a emborrachar como un perro y quedarme mirando cómo pasan las chatis a mi lado sin ningún riesgo.

Lo que ellos dicen:
—¿Puedo ayudar con la cena?
Lo que quieren decir:
—¿Por qué no está aún la cena en la mesa?

Lo que ellos dicen:
—¡Uh!, claro, querida.
O bien:
—Sí, querida.
Lo que quieren decir: absolutamente nada; es una respuesta condicionada.

Lo que ellos dicen:
—Sería demasiado largo de explicar.
Lo que quieren decir:
—No tengo ni idea de cómo va.

¿CUÁNTOS HOMBRES HACEN FALTA PARA LIMPIAR UNA COCINA?
—NINGUNO, ESO ES TRABAJO DE MUJERES.

Lo que ellos dicen:
–Te estaba escuchando. Es sólo que tengo muchas cosas en la cabeza.
Lo que quieren decir:
–Me estaba preguntando si la pelirroja de enfrente llevará sujetador, hummm...

Lo que ellos dicen:
–Tómate un respiro, cariño; estás trabajando demasiado.
Lo que quieren decir:
–¡No puedo oír el partido con el ruido de la aspiradora!

Lo que ellos dicen:
–Eso es muy interesante, cariño.
Lo que quieren decir:
–¿Todavía sigues hablando?

Lo que ellos dicen:
–Ya sabes que tengo muy mala memoria.
Lo que quieren decir:
–Recuerdo la canción de *Torrente*, la dirección de la primera chica a la que besé y la matrícula de todos los automóviles que he tenido, pero me olvidé de tu cumpleaños.

Lo que ellos dicen:
–Pensaba en ti y no pude evitar comprarte estas rosas.
Lo que quieren decir:
–La chica de la floristería está como un tren.

Lo que ellos dicen:
–¡Oh!, no te preocupes. Sólo me he cortado, no hay problema.
Lo que quieren decir:
–¡Oh!, ¡estoy gravemente herido!, pero moriré desangrado antes de admitir que me duele.

Lo que ellos dicen:
–¡Eh!, tengo mis razones para hacer esto.
Lo que quieren decir:
–Y seguro que se me ocurrirá alguna enseguida.

Lo que ellos dicen:
–No lo encuentro por ninguna parte.
Lo que quieren decir:
–No ha caído directamente en mis manos, así que estoy totalmente desorientado.

Lo que ellos dicen:
–¿Qué he hecho esta vez?
Lo que quieren decir:
–¿Hasta dónde sabes?

Lo que ellos dicen:
–Te he oído.
Lo que quieren decir:
–No tengo ni la más remota idea de lo que acabas de decir, pero espero que pueda disimular lo suficiente para que no te pases tres días gritándome.

Lo que ellos dicen:
–Ya sabes que nunca podría querer a ninguna otra.
Lo que quieren decir:
–Ya me he acostumbrado a la forma en que me gritas y sé que podría ser peor.

Lo que ellos dicen:
–Te sienta horrible.
Lo que quieren decir:
–¡Oh!, Dios, por favor, no te pruebes ni un traje más, me muero de hambre.

Lo que ellos dicen:
–No me he perdido. Sé exactamente dónde estamos.
Lo que quieren decir:
–¡Nadie volverá a vernos con vida!

Lo que ellos dicen:
–Compartimos el trabajo de la casa.
Lo que quieren decir:
–Yo monto los líos, ella lo limpia todo.

¿EN QUÉ SE diferencia un hombre con una bata blanca y una mujer con una bata blanca? —En que el hombre es médico, y la mujer, churrera.

INTELECTUALES Y CIENTÍFICOS

Intelectuales, científicos
y otras gentes del saber son
también motivo de escarnio.
Estos chistes requieren un poco
más de preparación mental
para su comprensión porque
inciden antes en el
cerebro que en
los nervios.

¿Qué es un oso polar?
–Un oso rectangular, después de un cambio de coordenadas.

¿Quién inventó las fracciones?
–Enrique Octavo.

UN MATEMÁTICO ES UNA MÁQUINA QUE TRANSFORMA CAFÉ EN TE—OREMAS.

****

DIOS ES REAL, A MENOS QUE SEA declarado ENTERO.

¿Qué es un niño complejo?
–Uno con la madre real y el padre imaginario.

¿Cuál es la mejor forma de acelerar Macintosh?
–Lanzarlo a 9,8 m/s^2.

¿De qué curso de matemáticas se habla en voz baja y sólo entre amigos o personas de la mayor confianza?
–Matemáticas discretas.

Jesús a sus discípulos:
–En verdad os digo, $y = x^2$.

122

Los discípulos cuchichean entre sí y finalmente Pedro dice:

–Maestro, no entendemos.

Y Jesús contesta:

–¡Es una parábola, bruto!

El 33 % de los accidentes mortales involucran a alguien que ha bebido. Por tanto, el 67 % restante ha sido causado por alguien que no había bebido.

A la vista de esto, está claro que la forma más segura de conducir es ir borracho y a toda velocidad.

Están dos científicos discutiendo sobre sus logros, uno alemán y otro español. El primero va y dice:

–Crucé un pulpo con un cerdo y no veas qué pasada.

A lo que responde el español:

–Y eso, ¿para qué sirve?

–No veas la cantidad de jamones que puedo sacar de cada cerdo –se justifica el alemán.

–Eso no es nada –rebate el español–, porque yo he hecho un cruce entre una ladilla y una luciérnaga.

Y el alemán pregunta:

–¿Para qué sirve eso?

–Utilidad, mucha no tiene, pero por la noche el coño de mi mujer parece una discoteca.

Tres ingenieros discutiendo sobre el diseño del cuerpo humano:

–Obviamente, lo diseñó un ingeniero mecánico: fíjate en las articulaciones, en los huesos de la mano, en...

–No, hombre, fue un ingeniero eléctrico, fíjate en el sistema nervioso, en lo complejo que es el cerebro...

–No, esto lo hizo un ingeniero civil. A ninguna otra per-

¿POR QUÉ SE SUICIDÓ EL libro de MATEMÁTICAS? –PORQUE TENÍA demasiados problemas.

sona se le puede ocurrir poner un desagüe tóxico junto a un área recreativa.

El pensamiento en las profesiones:

☺ Un estadístico podría meter su cabeza en un horno y sus pies en hielo y pensar que, en promedio, se encuentra bien.

☺ Un ingeniero piensa que sus ecuaciones se aproximan a la realidad.

☺ Un físico piensa que la realidad se aproxima a sus ecuaciones.

☺ Un matemático realiza ecuaciones en la proximidad de su pensamiento.

☺ Un político, realmente, no está próximo a pensar.

Según afamados científicos extranjeros, se ha descubierto una nueva escala para medir la inteligencia humana. La nueva unidad de medida es el «tar». Así es, el tar

¿QUÉ lE dijo
UN VECTOR A OTRO?
—OyE, ¿TiENES UN
MOMENTO?

constituye una medida nueva e infalible para medir el coeficiente intelectual de los seres humanos.

Por ejemplo, Albert Einstein debió tener un megatar. De ello se deduce que existe la inteligencia megatar, y así se completa la escala: la inteligencia kilotar, la centar, la decatar, la inteligencia tar y la inteligencia militar (fin de la escala).

Durante un examen oral de física, un estudiante hace unos cálculos en la pizarra y concluye embarazosamente que: $f = -m \times a$. Sonrojado, dice al profesor:

—Bueno, obviamente he cometido algún error.

—No, señor, usted ha cometido un número impar de errores.

—Un físico, un ingeniero y un matemático viajan en un tren por Escocia. Al observar por la ventana, ven una oveja negra.

NUEVE DE CADA DIEZ MÉDICOS ESTÁN DE ACUERDO EN QUE UNO DE CADA DIEZ MÉDICOS ES IDIOTA.

****

¿CUÁL ES EL COLMO DE UNA BACTERIA?
—TENER COMPLEJO DE SUPERIORIDAD.

–Ajá –dice el físico–, veo que las ovejas escocesas son negras.

–Humm –dice el ingeniero–, querrás decir que algunas ovejas escocesas son negras.

–No –dice el matemático–, todo lo que sabemos es que existe al menos una oveja en Escocia, y que por lo menos uno de sus lados es negro.

¿Cuánto son 2+2?:

☺ *Ingeniero:* 3,999989.

☺ *Físico:* 4,0004 ± 0,0006.

☺ *Matemático:* espere, sólo unos minutos más; ya he probado que la solución existe y es única, ahora la estoy acotando.

¿Qué es el amor? Las respuestas según los profesionales:

☺ *El médico:* el amor es una enfermedad porque casi siempre termina en la cama.

☺ *El ingeniero:* el amor es la máquina perfecta porque es la única que trabaja cuando se para.

☺ *El político:* el amor es como una democracia, porque tanto goza el que está arriba como el que está abajo.

☺ *El matemático:* el amor es la ecuación perfecta, ya que la mujer expande el miembro a su máxima potencia, lo encierra entre paréntesis, le extrae el factor y lo reduce a su mínima expresión.

JAIMITO

El eterno Jaimito
no podía faltar en una
antología del mejor humor del
universo. Siempre al quite con
sus comentarios y preguntas
medio inocentes y medio
perversas, diluidas en un
fondo de desvergonzada
inteligencia.

«¡Cómo se complican la vida!», dijo un pájaro al ver volando un avión.

La profesora pregunta a Jaimito:
—Jaimito, si en la rama de un árbol hay diez pajaritos y un cazador dispara y mata uno, ¿cuántos quedan?
—Pues ninguno, profesora, porque con el ruido del disparo escapan todos.
—¡Bueno, Jaimito! Esa no era la intención de mi pregunta, porque quedarían nueve. ¡Pero me gusta cómo piensas!
A los pocos días, Jaimito pregunta a la profesora:
—Profesora, si van tres mujeres en biquini por la playa y una va tomando un helado de corte, otra de vasito y la tercera chupa un polo de fresa, ¿quién de las tres está casada?
—Pues, la última —replica la profesora.
—No, profesora, la que tiene el anillo, ¡pero me gusta cómo piensa!

Jaimito mira a su hermanito, recién nacido, que se ha quedado dormido:
—Mamá, ¿por qué no se mueve? ¿Vino sin pilas?

—¡Mamá, Jaimito tiene la picha como un camaroncito!
—¿Roja?
—No, saladita.

La profesora ,en clase:
–Jaimito, ¿qué te pone tu madre en los huevos? ¿Sal o azúcar?
–En los huevos me pone talco.

Jaimito acude a la consulta de un médium:
–Y ahora que nos hemos reunido en el plano astral con nuestras almas etéreas, dime, ¿con quién quieres comunicarte?
–Me gustaría hablar con mi abuelo –pide Jaimito.
El médium finge una voz cazallera:
–Jaimito, soy tu abuelo... Estoy en el cielo. Esto es muy bonito. Sé un buen chico para que podamos reunirnos algún día. Dime, Jaimito, ¿quieres preguntarme algo?
–Sí, abuelo, ¿me puedes decir qué estás haciendo en el cielo si todavía no te has muerto?

No es lo mismo Dora es la mamá de Beatriz, que Beatriz es la mamadora.

Jaimito, a su madre:
–¡Mamá!, ¡mamá! ¿La luz se come?
–No, Jaimito, ¿por qué lo preguntas?
–Porque al pasar por la habitación de la criada he oído a papá que decía «apaga la luz y métetela en la boca».

Jaimito, a su padre:
–Papá, ¿una niña de cuatro años puede quedarse embarazada?
–Pero Jaimito, qué cosas dices. Por supuesto que no.
–Y pensar que la muy zorra me ha hecho vender el triciclo para pagarle un viaje a Londres.

JESUCRISTO

Jesucristo, ser revolucionario, admirado y seguido por muchos y atacado por otros. Sin duda, constituye un caudal generoso de inspiración humorística que recrea algunos pasajes bíblicos.

Están Moisés, Jesús y un viejecito jugando al golf. Golpea Moisés y la bola va al agua. Se acerca al lago, hace que las aguas se abran, golpea, y hoyo en dos golpes.
Le corresponde a Jesús. Golpea y la bola va al agua, pero, cómo no, en vez de hundirse, flota. Se acerca Jesús andando por el agua, golpea, y hoyo en dos.
Por último, le toca al viejecito. Golpea y la pelota va al agua. Pero justo antes de caer, sale un pez y coge la bola. Antes de que caiga el pez en el agua, una gaviota coge el pez y se lo lleva volando. Aparece de repente un halcón, que asusta a la gaviota y ésta, en consecuencia, suelta al pez, el cual a su vez escupe la bola, la cual describe una parábola que la lleva directamente al agujero, y hoyo en uno. Y dice Jesús:
—Mira, papá, si empiezas a vacilar lo dejamos, ¿eh?

En uno de sus sermones, Jesús dice:
—Quien se encuentre libre de pecado que arroje la primera piedra.
En eso, una gran piedra le pasa rozando la cabeza. Extrañado, descubre que una viejecita resulta ser la culpable y exclama:
—Mamá, hay veces en que, de verdad, me exasperas.

¿Cuál es la diferencia entre Jesucristo y un cuadro?
—Para colgar un cuadro se necesita un solo clavo.

* * * * * * *

En el momento de la crucifixión, un centurión pregunta a Jesucristo:
—Perdone, ¿le importaría cruzar las piernas? Es que sólo nos queda un clavo.

He aquí las pruebas de que Cristo era judío:

☺ Vivió en la casa de sus padres hasta los 33 años.
☺ Trabajaba en el mismo negocio de su padre.
☺ Su madre lo creía Dios.

He aquí las pruebas de que Cristo era paraguayo:

☺ Nunca se casó.
☺ Nunca tuvo un trabajo fijo.
☺ Su último deseo fue un trago.

**UN CREYENTE VA A UNA TIENDA A COMPRAR UN CRUCIFIJO. El dependiente le enseña varios:
—Oiga, ¿y no tiene alguno que no sea de la marca INRI?**

He aquí las pruebas de que Cristo era portorriqueño:

☺ Su primer nombre era Jesús.
☺ Siempre tenía problemas con la ley.
☺ Su madre no sabía muy bien quién era su padre.

He aquí las pruebas de que Cristo era italiano:

☺ Hablaba con las manos.
☺ Tomaba vino en todas las comidas (y si no había, lo hacía él mismo).
☺ Cuando entraba en el templo siempre armaba lío.

He aquí las pruebas de que Cristo era californiano:

☺ Llevaba el cabello largo.
☺ Andaba descalzo por todas partes.
☺ Inventó una nueva religión.

He aquí las pruebas de que Cristo era negro:

☺ Llamaba a todos «hermano».
☺ No tenía domicilio fijo.
☺ Nadie quería contratarlo.

LADRONES

Pillos, chorizos y
otros mequetrefes conforman
uno de los temas preferidos de
muchos humoristas porque se
mezclan tres recursos que tienen
asegurada la carcajada del
público: inocencia,
desfachatez y una
cara durísima.

Un hombre dice a otro:
–¿Sabes que mi hermano abrió un negocio?
–¿Con qué?, si no tenía dinero...
–No, no, lo abrió con una barra y robó todo lo que había dentro.

Un juez y el ladrón:
–Pero, ¿cómo puede decir que es inocente, si tenemos cinco personas que lo vieron robar el reloj?
–¿Y qué? Yo puedo traerle quinientas que no lo vieron.

–Y si usted dice que se encontró en la calle la pulsera de oro y diamantes, ¿por qué no la llevó a la policía?
–Porque decía: «tuya para siempre».

Entre dos amigos:
–¡Me han robado la cazadora de cuero que me vendiste el otro día!
–Ya te dije que era de las que se llevaban...

Iban dos ladrones por la calle cuando dos jóvenes estaban en una esquina esperando un taxi. En ese momento, se acercan los ladrones a los jóvenes y les dicen:
–¡Ey! ¿No habéis visto a la policía?
Los muchachos, asustados, responden:
–No, por aquí, no.
–¿Seguro que no?

–Sí, seguro.
–Ah, bueno... Entonces, levantad las manos, ¡esto es un atraco!

En un cuartel ha «desaparecido» la cartera del capitán. El capitán manda formar a la tropa en el polideportivo y dice:
–Ha desaparecido «misteriosamente» mi cartera y no quiero castigar a nadie. Voy a daros una oportunidad antes de tomar una medida más drástica. Pondremos una manta en medio del pabellón, apagaremos la luz, os iréis acercando a ella, y quien tenga algo que dejar lo depositará encima, sin hacer ruido.
Ponen la manta, apagan la luz y se empiezan a acercar los soldados a la manta. Al cabo de un rato grita el sargento:
–Mi capitán, ¡ya está!
–¿Ya apareció la cartera?
–No, ya han robado la manta.

La pobreza es una de las pocas cosas que no se consigue con dinero.

****

Dicen que la pobreza agudiza el ingenio. Por eso debe ser que hay tanto tonto rico.

135

Dos ladrones se detienen delante de una tienda donde se exponen magníficos artículos con un cartel que reza: «Gran liquidación, aproveche».
Uno de los ladrones dice:
—¡Vaya manera de tomarnos el pelo!
—¿Por qué lo dices?
—¿Cómo querrán que nos aprovechemos si delante está el cristal del escaparate?

Un policía le pregunta al ladrón:
—Usted, ¿por qué le robó el reloj a la señora?
Y el ladrón contesta:
—Yo no le robé ningún reloj, ella me lo dio.
—¿En qué momento ella le dio el reloj?
—En el momento en que le mostré la pistola.

Pregunta enérgicamente el juez al ladrón que acababa de hacer de las suyas en una tienda de ropa.
—¡Pero, dígame!, ¿no pensó en su esposa, en sus hijas?
—Pues la verdad, sí pensé, señoría, pero en la tienda sólo había ropa para hombre.

¿Cuál es el colmo de un pobre hambriento?
—Comerte con la mirada porque no tiene nada que llevarse a la boca.

****

¿Cuál es el colmo de la gula?
—Comerse a alguien con la mirada justo después de haber cenado.

Dos ladrones se detienen frente a la vitrina de una joyería y empiezan a contemplar un hermoso collar de diamantes. Un ladrón pregunta al otro:
—¿Cuánto crees que nos darían por esa joya?
El otro ladrón responde:
—Pues, yo pienso que de cinco a ocho años de cárcel.

LEPEROS

También los chistes
de leperos tienen su público
fiel. Y es que los leperos son
únicos en organizar fiestas,
en trabajar, en cuidarse, en
solucionar problemas y,
en definitiva, en ser
ellos mismos.

¿Qué hace un lepero de madrugada corriendo y gritando por el campo?
—Sembrar el pánico.

Fue el alcalde a inaugurar un nuevo polideportivo en Lepe y, en conmemoración, cortaron la red de una pista de tenis.

¿Por qué los de Lepe ven Canal Plus con una mierda en la cabeza?
—Porque es sólo para abonados.

¿Por qué plantan en Lepe los olivos junto al mar?
—Para que les salgan las aceitunas con sabor a anchoa.

¿Por qué en Lepe no tienen leche fresca?
—Porque no les cabe la vaca en la nevera.

¿Por qué los leperos echan cebolla en la carretera?
Porque les han dicho que es buena para la circulación.

Está el alcalde de Lepe dictando una orden al secretario del ayuntamiento:

–Convócame una reunión para el viernes.
–Señor alcalde –replica el secretario– ¿«viernes» es con
v o con b?
–Aplázala para el lunes.

¿Por qué los leperos se dan aire con un serrucho?
–Porque les han dicho, que el aire de la sierra es más
sano.

¿Por qué todos los leperos tienen la piel destrozada y
tan llena de heridas por todas partes?
–Porque en Lepe se ha puesto de moda lo de bailar en
la alambrada.

¿Por qué los de Lepe ponen hielo encima del televisor?
–Para congelar la imagen.

¿Por qué los leperos siempre guardan los periódicos en
la nevera?
–Para tener noticias frescas.

Un lepero se compra unas gafas y, al día siguiente, vuel-
ve a la óptica.
–Buenos días. Quería unas gafas para leer.
–¿Otras? ¡Si ya le vendí unas ayer!
–Sí, pero es que ésas ya me las he leído.

EN LEPE HAN MUERTO
CUATRO PERSONAS:
DOS EN UN ASESINATO
Y OTRAS DOS EN LA
RECONSTRUCCIÓN DE
LOS HECHOS.

****

UN HELICÓPTERO SE
HA ESTRELLADO EN EL
CEMENTERIO DE LEPE.
LA POLICÍA LOCAL INFORMA
QUE SE HAN ENCONTRADO
VARIOS MILES DE
CUERPOS.

Un tipo va a trabajar cuando le pregunta un lepero:
—¡Oiga, por favor!, ¿podría decirme que autobús tengo que coger para ir al Museo del Prado?
—Sí, aquí mismo, coja el numero 48.
A mediodía, el hombre regresa del trabajo para ir a comer y se encuentra que el lepero está todavía esperando en la parada del autobús.
—Pero, ¿qué hace todavía aquí?, ¿no le dije que cogiera el 48?
—¡Claro!, pero sólo han pasado 43 autobuses...

En Lepe sólo hay dos personas que se dedican a la mudanza y son hermanos. Un día, uno de ellos iba con un armario muy grande a hombros, y uno del pueblo le preguntó:
—Pero, ¿no te ayuda tu hermano?
—Sí, mi hermano está dentro sujetando las perchas.

En Lepe, dos mujeres se están pegando por un niño:
—¡El niño es mío!
—¡Que no, que es mío!
El alcalde opta por una solución salomónica:
—¡Que llamen al carnicero!
El carnicero acude y el alcalde le manda cortar al niño en dos trozos, a lo que el carnicero replica:
—No, hombre, eso no puedo hacerlo, es una burrada.
El alcalde concluye:
—El niño es del carnicero.

LIGUES

Algunas personas,
por más que lo intentan,
no hacen más que ahuyentar
a la posible presa. Y es que, la
verdad, los hay que son muy
pesados. Aquí hallará algunas
salidas muy ocurrentes para
«combatir» esos típicos
discursos que se suelen
emplear, siempre
los mismos...

Cómo zafarte de los clásicos métodos de ligue:

☺ *Hombre:* ¿No te vi en algún otro lugar antes?
☺ *Mujer:* Sí, por eso no voy más a ese lugar.

☺ *Hombre:* Te conozco de algún lado, pero no sé de dónde.
☺ *Mujer:* Puede ser, soy recepcionista de una clínica para hombres con problemas sexuales.

☺ *Hombre:* ¿Está vacío este asiento?
☺ *Mujer:* Sí, y el mío también va a estar vacío si te sientas ahí.

☺ *Hombre:* ¿Quieres venirte a mi casa?
☺ *Mujer:* Mmmm, no sé, ¿dos personas caben debajo de una piedra?

☺ *Hombre:* ¿Tu casa o la mía?
☺ *Mujer:* Las dos. Tú, a la tuya, y yo, a la mía.

☺ *Hombre:* Me muero por conocerte, dame tu número.
☺ *Mujer:* Está en la guía.
☺ *Hombre:* Sí, pero no sé tu nombre.
☺ *Mujer:* También está en la guía.

☺ *Hombre:* Perdona, ¿cuál es tu signo?
☺ *Mujer:* Prohibido estacionarse.

¿Cuál es el colmo de una solterona?
—Encontrarse en una situación embarazosa sin haber jodido a nadie.

****

¿Cuál es el colmo de una mujer despechada?
—Tener dos metros de tetas.

☺ *Hombre:* Yo sé cómo hacerte feliz.
☺ *Mujer:* Entonces ya sabes que tienes que irte.

☺ *Hombre:* Si me dejaras, me entregaría a ti por completo.
☺ *Mujer:* Lo lamento, no acepto regalos baratos.

☺ *Hombre:* Puedo ver que me deseas.
☺ *Mujer:* Uy, es cierto, te deseo fuera de aquí.

☺ *Hombre:* Si te viera desnuda me moriría feliz.
☺ *Mujer:* Y yo, si te viera desnudo, me moriría de la risa.

☺ *Hombre:* Haría lo que fuera por ti.
☺ *Mujer:* Bueno, empecemos con la cuenta bancaria.

☺ *Hombre:* Por ti iría hasta el fin del mundo.
☺ *Mujer:* Mmmm, me encanta..., pero te quedarás ahí, ¿verdad?

No es lo mismo Mondongo Tapachula, que tápate el mondongo, chula.

* * * * * * *

No es lo mismo la papaya tapaíta, que tápate la papaya, tía.

En una sala de baile, un hombre se acerca a una rubia y le pregunta:
–¿Quieres bailar?
–No está hecha la miel para la boca del asno –contesta ella.
–¡Oye! Que te pedí si querías bailar, no que me la chuparas...

143

LOCOS

Locos y cuerdos:
en realidad, a menudo resulta
difícil adivinar quién está peor.
Situaciones inverosímiles y
desconcertantes, propiciadas
por seres con una
imaginación desbordada
y sin límites.

En un manicomio, siendo las dos de la madrugada, un loco grita al tiempo que se huele los dedos de una mano:
—¡Me pudro, me pudro!
El vigilante de internos, molesto, acude y dice:
—A ver, loco, ¿por qué gritas «me pudro, «me pudro»?
El interno, nuevamente oliéndose los dedos de una mano, vuelve a gritar:
—¡Me pudro, me pudro!
El vigilante pregunta:
—A ver, loco, ¿qué tienes ahí?
El loco contesta:
—No lo sé, lo saqué de mi culito.

Dos locos se encuentran en el patio de un manicomio; uno de ellos le enseña el puño cerrado al otro al tiempo que le pregunta:
—¿A que no adivinas qué tengo en la mano?
—Hummm... ¡un elefante!
El del puño cerrado pone cara de fastidio y replica:
—Sí, bueno, ¿pero de qué color?

—¡Qué cantidad de locos sueltos hay por la calle!
—A mí me da igual, ¡como soy invisible!

> **Los psiquiatras curan las pobrezas de los ricos, pero nunca hacen ricos a los pobres.**

Un loco pasea una piedra atada de una cuerda y el director del manicomio, al verlo, le pregunta:
–¿Paseando al perrito?
–Pero, ¿qué perrito? ¿no ve que es una piedra?
–Muy bien, muy bien, para que veas que somos sensibles a las mejorías de nuestros pacientes te voy a dejar en libertad.
Y sale el loco a la calle con su piedra:
–¿Ves lo que te dije, Sultán? ¡Si no ladrabas, lograríamos engañarlos!

¿Cuál es el colmo de un asesino?
–Matar el tiempo.

****

¿Cuál es el colmo de la paciencia?
–Poner una zapatilla en una jaula y esperar a que cante.

Unos locos paseando:
–¿Qué haríais si tuviérais un duro?
–Pues yo, ¡me compraría una mansión en Washington!
–Bueno, eso no es nada, ¡yo me compraría una limusina de color azul y con las luces verdes!
A lo que otro contesta:
–Pues yo me compraría un chicle.
–¿Un chicle? –se sorprenden los demás.
–¡Sí!, y con el cambio me compraría una limusina, una mansión...

MACHISTAS

Si hay feministas,
no pueden faltar los
machistas, esos impertinentes
egoístas que no dudan en
descalificar todo lo que huele
a fémina, aunque eso sí,
no pueden dejar de
pensar en ellas ni
un instante.

Una mujer atrapada en un ascensor con un hombre; la mujer empieza a meterle mano y dice:
—Hazme una mujer.
Él se quita los pantalones y le dice:
—¡Plánchamelos!

La mujer hay que escogerla limpia y delgada, que guarra y gorda ya se hará.

El marido sale del baño desnudo y empieza a entrar en la cama, cuando su mujer se queja diciendo, como siempre:
—Tengo dolor de cabeza.
A lo que el marido responde:
—Perfecto. Casualmente estaba en el baño espolvoreándome el pene con aspirina. La puedes tomar por vía oral o como supositorio, ¡cómo tú quieras!

Tres hombres presumiendo:
—Yo tengo cuatro hijos. Uno más y tendré un equipo de baloncesto estupendo.
—¡Bah! Yo tengo diez hijos; uno más y tendré un fenomenal equipo de fútbol.
—¡Qué tontería! —dice el tercero—. Yo tengo diecisiete hijas; una más, y tendré un campo de golf de cojones.

Al cabo de varios años de matrimonio, un marido ha perdido interés en su esposa, que está un tanto frustrada y decide comprarle un regalo, a ver si se pone un poco cariñoso. Un día, entra en una tienda de animales y se fija en un loro que está encerrado en una jaula con barrotes gordísimos y llena de candados. Intrigada, pregunta al dependiente:

–Oiga, ¿por qué tiene a este loro encerrado con tanta seguridad?

–Es que esto no es un loro, sino un animal peligrosísimo, un ave bárbara.

–Ah... ¿Y qué es lo que hace?

El dependiente, viendo la posibilidad de vender el animal, lo saca de la jaula y dice:

–¡Ave bárbara, la mesa!

El bicho se lanza inmediatamente contra la mesa y, a base de golpes y picotazos, la convierte en serrín. Luego dice:

–¡Ave bárbara, la pared!

El pájaro empieza a atacar la pared, y no se detiene hasta que toda la tienda está cubierta de yeso.

La mujer dice al dependiente:

–¡Qué cosa más impresionante! ¡Me la llevo!

La mujer llega a casa, pensando que si esto no llama la atención de su marido, ya no habrá nada que lo haga, así que le dice:

–Manolo, mira, te he traído un regalo que te va a encantar, es un ave bárbara.

Y el marido:

–¡Ave bárbara, mis cojones!

¿En qué se diferencian la mujer y la plancha?

NORMALMENTE, los hombres querrían tener una señora en las fiestas, un ama de casa en la cocina y una puta en la cama.
Y lo que normalmente tienen es una señora en la cocina, una puta en las fiestas y un ama de casa en la cama.

Las últimas palabras que se oyeron en el Challenger:
—¡No le dejes pilotar a ella!

* * * * * * *

En el fondo, la humanidad es inteligente. La única excepción tiene la regla.

—La plancha se enchufa primero y se calienta después, y la mujer se calienta primero y se enchufa después.

¿Cuántas mujeres hacen falta para cambiar la bombilla de la cocina?
—Ninguna, que frieguen a oscuras.

¿Cuál es la diferencia entre un hada y una bruja?
—Veinte años de matrimonio.

¿Qué tienen las mujeres una vez al mes y les dura tres o cuatro días?
—El sueldo del marido.

Un amigo le pregunta a otro:
—¿Cómo es tu mujer en el arte culinario?
—Estupenda, y además también sabe cocinar.

¿En qué se parecen una mujer y un vehículo de transporte público?
—En que no hay que correr tras uno porque inmediatamente detrás viene otro.

¿Cuándo una mujer tiene dos neuronas?
—Cuando está embarazada de una niña.

150

¿En qué se parece una mujer a un globo aerostático?
—En que el globo tiende a subir y la mujer sube a tender.

¿Qué hace una mujer tirándose del último piso del Empire State?
—Probar su nueva compresa con alas.

¿Cuándo chilla más una mujer haciendo el amor?
—Cuando terminas y te limpias el rabo en las cortinas.

¿En qué se parecen un baldosa y una mujer?
—En que, si la pegas bien el primer día, la puedes pisar toda la vida.

¿Cuál es la diferencia entre una mujer y una morsa?
—Que una es torpe, tiene bigotes y está llena de grasa, y la otra vive en el agua.

¿Cuándo pierde una mujer el 95 % de su inteligencia?
—Cuando se queda viuda.

¿Cuál es la diferencia entre una bola de bolos y una mujer?
—A la bola de bolos sólo le puedes meter tres dedos.

LAS MUJERES SON COMO LAS AGUJAS DE COSER: SI NO LAS MANTIENES ENSARTADAS, SE PIERDEN.

¿Qué le sucede a una mujer que se traga un mosquito?
–Que tiene más cerebro en el estómago que en la cabeza.

Había una vez una mujer tan tonta, tan tonta, que hasta las demás mujeres se daban cuenta.

¿Por qué las mujeres tienen los pies más pequeños que los hombres?
–Para que no tengan dificultad en meterlos debajo del fregadero.

¿Cómo haces sentir más libre a una mujer?
–Ampliándole la cocina

¿Cuántas veces se ríe una mujer con un chiste?
–Tres: una cuando se lo cuentan, otra cuando se lo explican, y una última cuando lo entiende.

¿Qué diferencia existe entre una puta y una hija de puta?
—La puta es la que se acuesta con todos; la hija de puta es la que se acuesta con todos menos contigo.

¿Cómo elegirías a las tres mujeres más tontas de todo el mundo?
—Al azar.

¿Qué hay detrás de una mujer inteligente?
—Un hábil ventrílocuo.

¿Cuando van a ir las mujeres a la Luna?
—Cuando haya que limpiarla

¿Cómo se llama la modalidad de tenis en la que en cada lado de la pista juegan una mujer y un hombre?
—Individual masculino con obstáculos.

¿Por qué fingen las mujeres el orgasmo?
—Porque creen que nos importa.

¿Qué hay detrás de una mujer inteligente?
—Un hombre sorprendido.

¿CUÁL ES EL ASTRO MÁS CERCANO A LA MUJER?
—El ASTROPAJO.

****

¿QUÉ ES UN folio EN blanco?
—LOS dERECHOS dE UNA MUJER

No es lo mismo la
cómoda de tu hermana,
que acomódame con
tu hermana.

****

No es lo mismo dos
tazas de té, que
dos tetazas.

****

No es lo mismo la hija
del rajá, que la raja
de la hija.

¿Por qué cuando le dices algo a una mujer en el oído no le sale por el otro?
–Porque el sonido no atraviesa el vacío.

¿Qué harían los hombres si no existieran las mujeres?
–Domesticarían a cualquier otro animal.

Un amigo le dice a otro:
–Le he comprado un collar a mi mujer.
–Pues yo todavía la llevo suelta...

¿Qué hace el 90 % de los hombres después de hacer el amor?
–Irse a su casa.

¿En qué se parece el ketchup a una mujer?
–En que sólo sirve para dar gusto a la salchicha.

¿Qué es una mujer embarazada de una niña?
–Un *kit* de limpieza.

¿Cuál es la diferencia entre una niña y una mujer?
–A la niña, la llevas a la cama y le cuentas un cuento;
a la mujer, le cuentas un cuento y la llevas a la cama.

¿En qué se parecen una mujer y un paracaídas?
—En que si no se abren no sirven para nada.

¿Por qué las mujeres tienen una neurona más que los caballos?
—Para que no se vayan cagando en los desfiles.

¿Para qué inventó Dios el alcohol?
—Para que las gordas, bajitas y feas pudieran perder la virginidad.

¿En qué se parecen las mujeres a los espermatozoides?
—En que sólo funciona una entre un millón.

¿Cuál es la última botella que tocan las mujeres en una fiesta?
—La de Fairy.

¿En qué se parece una mujer a un semáforo?
—En que después de las doce nadie los respeta.

¿Por qué las mujeres tienen una hormona más que las vacas?
—Para que al tocarles los pezones no hagan ¡muuuu!

¿En qué se parece la mujer a la lavadora?
—En que le echas un polvo y te lava toda la ropa, y si se para, le das una patada y sigue andando.

****

¿En qué se parecen las mujeres a los pedos?
—En el gusto que te queda después de que te los tiras.

155

MAMÁ, MAMÁ...

Mamás sufridoras
consejeras, educadoras,
sabias y pacientes, siempre o
casi siempre a disposición de las
peticiones de los más pequeños.
Peticiones que no siempre son
entendidas de la misma
manera por ambas
partes.

Una madre dice a su hijo:
–Hijo, te quiero porque eres tan golfo y sinvergüenza como tu padre.
Y su marido, que lo estaba oyendo, dice:
–Oye, que yo nunca fui un golfo ni un sinvergüenza...
–Perdona, he dicho «como tu padre».

A una chica que se iba a casar le comentaba su madre:
–Tú nunca se la chupes.
–¿Y eso?
–Nunca se la chupes, porque luego no te respetan.
–¡Bah!
–Que no se la chupes, que luego no te respetarán y verás.
–Vale, así lo haré.
Total, que se casan y en la noche de bodas, el marido le dice con voz acaramelada:
–María, venga, ¡chúpamela!
–¡Que no!
–¿Por qué?
–Porque mi madre dice que luego no me respetarás.
–Venga ya, yo sí te respetaré, chúpamela.
–Que no.
Así un montón de veces hasta que ella asiente:
—Vale, pero solo un poco.
Y empieza la faena... Acabada ésta, la mujer entra en el cuarto de baño y desde allí oye:
–¡María!

–Mamá, mamá, en el colegio hay un niño que me llama mariquita.
–¿Y por qué no le pegas?
–Ay, ¡porque es tan guapo!

–¿Qué?

–¡Vente pa' acá, chupapollas!

Lo difícil que es engañar a las madres en según qué asuntos:

Juan invitó a su madre a cenar una noche en su apartamento de soltero. Durante la cena, la madre no pudo por menos que reparar en lo hermosa que era Lourdes, la compañera de apartamento de su hijo. Durante mucho tiempo había tenido sospechas de que su hijo mantenía relación con Lourdes y, al verla, la sospecha no pudo sino acrecentarse. En el transcurso de la velada, mientras veía el modo en que los dos se comportaban, se preguntó si estarían acostándose. Leyendo a su madre el pensamiento, Juan le dijo:

–Mamá, sé lo que estas pensando, pero te aseguro que Lourdes y yo sólo somos compañeros de apartamento.

Una semana después, Lourdes le comentó a Juan que desde el día en que su madre vino a cenar, no encontraba el cucharón grande de plata para servir la sopa. Juan contestó que, dada la posición de su madre, dudaba que se lo hubiese llevado, pero que le escribiría una carta. Así que se sentó y escribió:

«Querida mamá: No estoy diciendo que cogieras el cucharón de plata de servir salsas, ni tampoco que no lo cogieras, pero el hecho es que éste ha desaparecido desde que viniste a cenar a casa».

Unos días más tarde, Juan recibió una carta de su madre que decía:

«Querido hijo: No estoy diciéndote que te acuestas con Lourdes o que no te acuestas con ella, pero el hecho es que si Lourdes se acostara en su propia cama, ya habría encontrado el cucharón de plata para servir salsas. Con todo cariño, mamá».

–Mamá, mamá,
¿me das una nuez?
–Sí, hijo, ¿te la casco?
–Sí, pero dame una
nuez primero.

Una madre estaba trabajando en la cocina mientras oía jugar a su hijo en la sala con su tren eléctrico nuevo. Oyó que el tren se detenía y que su hijo decía:

—A todos los hijos de puta que quieran bajarse, ¡háganlo ahora porque ésta es la última parada! ¡Y todos los hijos de puta que van de regreso y se quieran montar, metan sus culos dentro del tren ahora porque vamos a partir ya!

La madre entró en la sala y recriminó a su hijo:

—Nosotros no usamos esa clase de vocabulario en esta casa. Ahora, ve a tu cuarto y te quedas allí durante dos horas. Cuando salgas, puedes regresar a jugar con tu tren, pero usando un vocabulario agradable y decente.

Dos horas mas tarde, el niño sale de su cuarto y comienza a jugar de nuevo con su tren. Pronto, el tren se detiene y la madre escucha a su hijo decir:

Los pasajeros que vayan a desembarcar del tren, por favor, recuerden llevarse todos sus objetos personales consigo. Les agradecemos haber viajado con nosotros el día de hoy. Esperamos que el viaje haya sido placentero y que viajen de nuevo con nosotros en una próxima oportunidad.

Luego, el niño prosigue:

—A quienes estén subiendo al tren les pedimos que coloquen todas sus cosas debajo del asiento. Recuerden que está prohibido fumar dentro del tren. Esperamos que tengan un viaje relajado y placentero con nosotros.

Entonces, el niño agrega:

—¡Ah! Y quienes estén cabreados por la demora de dos horas, ¡reclamen a la puta esa que está en la cocina!

—Mamá, mamá, ¿por qué la novia va vestida de blanco?
—Pues... porque es el día más feliz de su vida.
—¡Ah!, y dime, ¿por qué el novio va vestido de negro?

—MAMÁ, MAMÁ, ¡QUÉ
BUENA ESTÁ LA PAELLA!
—PUES REPITE,
HIJO, REPITE.
—MAMÁ, MAMÁ, ¡QUÉ
BUENA ESTÁ LA PAELLA!

****

—MAMÁ, MAMÁ, ¿NO CREES
QUE EL ABUELO MERECE
UN ENTIERRO DIGNO?
—CALLA, HIJO, Y TIRA
DE LA CADENA.

—Mamá, mamá, ¿puedo tirarme a la bartola?
—Sí, hijo, como ya han llegado las vacaciones...
Y contesta el hijo:
—Bartola, entra, ¡que nos dejan!

La hija dice a su madre:
—¡Ay, mamá!, adivina...
Y la madre la interrumpe diciendo:
—¡No me vayas a decir que has perdido la virginidad!
La hija le responde:
—¡Ay, mamá!, ¡pero si es que la ponen en un sitio...!

¿Cuál es el colmo
de un sastre?
—Tener la hija americana
y el hijo botones.

****

¿Cuál es el colmo
de un albañil?
—Tener una hija paleta.

—Mamá, mamá, en el cole me llaman policía.
—Hijo mío, ¿y eso por qué?
—¡Silencio! ¡Aquí las preguntas las hago yo!

—Mamá, mamá, el hermanito se ha hecho mierda.
—No, hijo, se dice caca.
—Pues asómate por el hueco del ascensor y verás cómo
ha quedado.

—Mamá, mamá, ¿me puedo tirar otro pedo?
—No, hijo, el médico ha dicho que no te puedes volver
a tirar otro pedo hasta que se te hayan cicatrizado los
puntos.

MATRIMONIO

¡Ay!, ESAS ETERNAS
PAREJAS DE AMOR PROMETIDO
Y ETERNO QUE NO SIEMPRE ACABA,
Y ES QUE EL MATRIMONIO TAMBIÉN
TIENE SUS TRIBUTOS A PAGAR;
DE HECHO, HAY QUIEN SE
PASA TODA LA VIDA
PARA SALDARLOS.

¿Cuál es el colmo de un electricista?
—Que su esposa dé a luz.

****

¿Cuál es el colmo de un músico?
—Que su esposa se llame Tecla y que la toque otro.

—Me dijeron que te casaste, Juan, ¿qué, cómo te va?
—Verás, al principio bien... Pero en cuanto sales de la iglesia...

—¿Cómo te va en tu matrimonio? Ya hace cuatro meses que te casaste, ¿no?
—Fenomenal, me va fenomenal, ¡No sabes cómo lava! Me deja las camisas blanquísimas... ¡Incluso las azules!

—Ahí donde lo ves, mi Antonio, con sus noventa años, ¡en la cama es como un animal salvaje!

–¿Te hace muchas veces el amor?
–No, pero se mea en las sábanas para marcar el territorio.

Un hombre muy feo y pobre acude a una agencia matrimonial:
–Quiero encontrar a una mujer para casarme. Quiero que sea guapa, rica y de buena familia.
–Una mujer de esas características que quisiera contraer matrimonio con usted sería imbécil.
–Bueno, ese detalle de la inteligencia me da exactamente igual.

–María, acabo de acostarme y cuento seis pies en nuestra cama.
–Hay cuatro, Pepe...
–¡Hay seis, María!
–¡Qué pesado eres! ¡Sal de la cama y míralo tú mismo!
Pepe baja de la cama y cuenta:
–Pues tienes razón: ¡hay cuatro!

Un judío, en su lecho de muerte, susurra:
–María, María...
¿Dónde estás, querida?
–Aquí estoy, esposo mío, a tu lado...
–Y mi hijo Jacobo, ¿dónde está?
–Aquí estoy, padre, a su lado...
–Y mi hija Leyla, ¿dónde está?
–Aquí estoy, padre, a su lado...
–Y mi hijo Isaías, ¿dónde está?
–Aquí estoy, padre, a su lado.
–Pero bueno, ¿quién cojones está en el negocio entonces?

¿Qué es el matrimonio?:

☺ Acto religioso mediante el cual se crean un Cristo más y una virgen menos.

☺ Única sentencia a cadena perpetua que se cancela por mal comportamiento.

☺ Aquella situación en la que ninguna mujer obtiene lo que esperaba, y ningún hombre espera lo que obtiene.

☺ Matemáticamente: suma de afecto, resta de libertades, multiplicación de responsabilidades, y división de bienes.

☺ Proceso químico por medio del cual una media naranja se convierte en un medio limón.

☺ Dícese de la principal causa del divorcio.

☺ La forma más rápida de ponerse gordo.

☺ La única guerra en la que se duerme con el enemigo.

☺ Es lo que resulta cuando en la «guerra de sexos» decides tomar una prisionera.

☺ Sirve para resolver problemas que nunca hubieras tenido si hubieras seguido soltero.

☺ Si no fuera por el matrimonio, muchos maridos no tendrían nada en común con sus esposas.

El antes y el después del matrimonio:

☺ *Antes:* Dos por noche.
☺ *Después:* Dos por mes.

☺ *Antes:* ¡Me dejas sin aliento!
☺ *Después:* ¡Me estas ahogando!

☺ *Antes:* ¡No pares!
☺ *Después:* ¡No empieces!

☺ *Antes:* Fiebre del sábado noche.
☺ *Después:* Fútbol del sábado noche.

—Papá, ¿por qué te casaste con mamá?
—Tú también te lo preguntas, ¿verdad?

****

—Papá, ¿cuánto cuesta casarse?
—No tengo ni idea, hijo, ¡todavía no he acabado de pagar las consecuencias!

☺ *Antes:* Estar a tu lado.
☺ *Después:* ¡Hazte a un lado!

☺ *Antes:* Me gustan las mujeres llenitas.
☺ *Después:* ¡Nunca me gustaron las gordas!

☺ *Antes:* Me pregunto qué haría sin él.
☺ *Después:* Me pregunto qué hago con él.

☺ *Antes:* Erótica.
☺ *Después:* Neurótica.

☺ *Antes:* Parece que estamos juntos desde siempre.
☺ *Después:* ¡Siempre estamos juntos!

☺ *Antes:* Ella adora cómo controlo las situaciones.
☺ *Después:* Ella dice que soy un manipulador egomaníaco.

☺ *Antes:* Anoche lo hicimos en el sofá.
☺ *Después:* Anoche dormí en el sofá.

NUESTRAS MADRES siempre nos dijeron que un día encontraríamos al hombre de nuestra vida. Claro que también nos dijeron que no te podías bañar cuando tenías la regla.

¿En qué se diferencian una niña de 7 años, una de 17, una de 27 y una de 37?

☺ A la de 7, la metes en la cama y le cuentas un cuento.
☺ A la de 17, le cuentas un cuento y te la llevas a la cama.
☺ La de 27 te cuenta muchos cuentos mientras os vais a la cama.
☺ Y la de 37 te dice: «déjate de cuentos y vamos a la cama».

MÉDICOS

Confidentes, psicólogos, curalotodos y abnegados interlocutores que tratan de buscar soluciones a problemas de una diversa fauna de pacientes. Considerados muchas veces como dioses, también pecan de vanidosos e interesados. Pero el humor pone a cada uno en su sitio.

Un señor va al doctor y le dice:
–Doctor, doctor, ¿porqué siempre que hago el amor con mi mujer, a ella se le encogen los dedos de los pies?
Se ríe el doctor y le contesta:
–A ver, torpe, ¿ha probado alguna vez de quitarle los *pantys* a su mujer?

Dos amigas hablando por la calle:
–Oye, ¿fuiste al médico a preguntarle por la impotencia de tu marido?
–Sí, y me dijo que lo único que tenía que hacer era echarle un poco de Tauritón en la cena, y que ya vería.
–Y, ¿qué tal?
–Pues hija, nada más tomarse el primer plato, se levantó, quitó todo lo que había en la mesa, me tumbó y me echó el polvo del siglo.
–¡Jo!, hija, qué bien, ¿no?
–Sí, pero... en mitad del restaurante.

Un tipo llega al médico hecho polvo. El médico lo reconoce, ve que está desfallecido y le pregunta la razón:
–Es que mi mujer quiere que estemos todo el día dale que te pego y me deja medio muerto.
–Pues tómese estas vitaminas y durante unos días deje de lado a su mujer.

Al cabo de un tiempo vuelve más hecho polvo:
—Pero, ¿hizo lo que le dije?
—Sí, sí, pero de lado le gusta más todavía.

Un hombre nota que está perdiendo la memoria y su mujer le dice:
—No te preocupes, pregúntale al vecino del primero. Le ocurría lo mismo, y fue a un médico muy bueno que le resolvió el problema.
El hombre va a verlo y le pregunta. El vecino le contesta que es cierto. El desmemoriado dice:
—¿Cómo se llama ese médico?
—El médico... sí, hombre... lo tengo en la punta de la lengua... El médico... ¿eh?... ¿cómo se llama esa virgen que está en Francia que hace milagros?
—Lourdes.
—¡Eso! —gritando—. Lourdes, cariño, ¿cómo se llama el médico ese de la memoria?

Un tipo va al médico porque sufre unos dolores al mear; el médico, nada más observarle el «cacharro», comenta:
—Usted tiene una enfermedad venérea.
—Pero, eso es imposible.
—Hombre, ya me imagino que esto es una sorpresa para usted, pero créame, llevo 30 años de profesión.
—Que no, que le digo que es imposible, sepa que siempre he tomado precauciones antes de hacer el amor.
—¿Ah, sí? Dígame, ¿qué precauciones?
—Siempre doy nombre y dirección falsos.

Durante un examen de necropsia, el profesor pregunta al alumno:
—¿Cuál ha sido la causa de la muerte de ese individuo?

Dice la enfermera al doctor:
—Tengo un hueso fuera.
—Dígale que pase.

El alumno se pone a examinar el cuerpo y ve un cadáver con numerosas puñaladas en el tórax. El alumno responde:
–Ha muerto de muerte natural.
–¿Cómo que de muerte natural? ¿Usted no ha visto las puñaladas?
–Hombre, es que con esas puñaladas lo natural es que se muera.

Un hombre que no podía tener descendencia decide visitar a su médico para poner solución al problema. El médico le entrega un tarro y le pide que se lo devuelva al cabo de una semana con su semen para analizarlo. Después de siete días, vuelve al médico con el tarro y le dice:
–Mire usted, doctor, he probado con la mano derecha y nada; luego con la izquierda y tampoco. Mi mujer ha probado con las dos, mi suegra ¡hasta con los dientes!, y le juro que no hay forma de abrir el tarro.

–Doctor, doctor, cuando estaba soltera tuve que abortar seis veces, pero ahora que estoy casada no consigo quedar embarazada.
–Evidentemente, usted no se reproduce en cautiverio.

Un hombre se quejaba:
–Me duele mucho el hombro. Creo que debería ver a un doctor.
Uno de sus amigos le dijo:
–No hagas eso. Hay un ordenador en la farmacia que puede diagnosticar cualquier cosa mucho más rápido y más barato que un médico. Simplemente tienes que poner una muestra de tu orina y la máquina te diagnos-

¿En qué se parecen un estudiante de Física y un médico?
–En que los dos estudian la gravedad de los cuerpos.

tica tu problema y te sugiere qué puedes hacer para solucionarlo. Además, sólo cuesta 500 pesetas.

El hombre pensó que no tenía nada que perder; entonces llenó un frasco con orina y fue a la farmacia. Encontró el ordenador, introdujo la muestra de orina por un embudo que había en la máquina y depositó los 500 pesetas en la ranura. El ordenador comenzó a hacer ruidos, a encender y apagar varias luces, y tras una pequeña pausa, por una ranura salió un papel que decía:

«Usted tiene hombro de tenista. Frote su brazo con agua caliente y sal. No haga esfuerzos físicos de magnitud. En dos semanas va a estar mucho mejor».

Más tarde, pensaba en lo maravillosa que era esta tecnología y cómo podía engañar a la máquina. Decidió probar: mezcló agua del grifo, un poco de caca del perro y un poco de orina de su hija y de su mujer. Para terminar, se masturbó y puso su semen en la mezcla, además de las 500 pesetas. Después de los sonidos y luces de rigor, la máquina imprimió el siguiente análisis:

«El agua de su casa es demasiado impura, cómprese un purificador. Su perro tiene parásitos, desparasítelo. Su hija es drogadicta, intérnela en un instituto de rehabilitación. Su esposa está embarazada y el hijo no es de usted, consiga un abogado. Y si no deja de masturbarse, no se le curará nunca el hombro».

Un hombre llega a la consulta de su médico y le dice:
—Doctor, tengo una consulta que hacerle porque soy estéril. ¿Es posible que transmita esta enfermedad a mis hijos?

Un hombre hablaba con un amigo:
—Este doctor es un genio, me prometió que en una semana estaría caminando después de la operación.

–Y lo logró.
–Por supuesto, ¡tuve que vender el automóvil para pagarle!

Un hombre estaba preocupadísimo y decidió consultar al médico:
–¡Doctor! ¡Estoy gravísimo! –y se señalaba con la punta del dedo–. ¡Me toco aquí y me duele! ¡Me toco aquí y me duele!, ¡y aquí también!, ¡y aquí también me duele!
Entonces, el médico lo revisó y sólo encontró que tenía ese dedo quebrado.

Una pareja acude al doctor con su hijo, un niño muy malo, grosero, maleducado, agresivo... El doctor dice a la pareja:
–No se preocupen, soy especialista en estos casos.
Entran en un cuarto el doctor y el niño; al rato se escuchan ruidos muy fuertes en la habitación y sale el doctor con la bata rota, la cara llena de sangre, a lo que los padres le preguntan:
–¿Qué pasó, doctor?
–Ya tengo la solución a sus problemas.
–¿Cuál es, doctor?
–Tienen que mudarse hoy mismo.
–¿Mudarnos, doctor, hoy mismo?
–Sí, mudarse, pero no le digan a su hijo a dónde.

–Doctor, doctor, ¿qué me ha dicho? ¿Piscis o Capricornio?
–Cáncer, señora, cáncer...

Había una vez un tipo con el pene tan grande, tan grande, que tenía prepucio, pucio y pospucio.

171

—Doctor, doctor, ¡tengo muy mala memoria!
—¿Y desde cuándo tienes ese problema?
—¿Qué problema?

El mejor chiste del mundo nunca lo conoceremos: se lo contó un día la muerte al que se murió de risa.

—Doctor, doctor, ¡tengo un gran problema de inseguridad!... ¿O tal vez no?

El médico recibe una llamada:
—¡Doctor, doctor, rápido, mi hija se ha tragado un preservativo!
El médico se prepara para salir de su casa, cuando vuelve a sonar el teléfono:
—Doctor, ya no hace falta que venga. Mi mujer y yo hemos encontrado otro.

–Doctor, doctor, ¡tengo complejo de superioridad!
–Siéntese y cuéntemelo desde el principio.
–Pues al principio creé el cielo, luego la tierra...

Una señora de setenta años acude al médico y éste le pregunta:
–¿Cómo puede haber estado casada cuatro veces y ser todavía virgen?
–Mire usted, doctor. Mi primer marido era arquitecto y todo eran proyectos y más proyectos. El segundo trabajaba de funcionario y todo era para mañana, para mañana. El tercero era político y todo eran promesas y más promesas, y el último era inspector de Hacienda, y todo el día venga a dar por el culo, venga a dar por el culo...

–Doctor, me siento mal. Todo me da vueltas y, además, me arde el corazón...
–Mire, señora, en primer lugar no soy médico, soy el camarero. En segundo lugar, usted no está enferma, está borracha. Y en tercer lugar, no le arde el corazón, tiene una teta en el cenicero.

Un loco va dando palmadas al aire y, en ese momento, se le acerca el médico del centro psiquiátrico, quien le pregunta:
–¿Qué haces?
Y el loco responde:
–Cazo gondobroncios aureaflatiformes.
–¿Y cómo son?
–No sé, todavía no he cazado ninguno.

¿Cuál es el colmo de un fontanero?
–Que el médico le diga que padece gota en el pie, cataratas en los ojos y líquido en las rodillas.

****

¿Cuál es el colmo de un muerto?
–Que le cuenten un buen chiste y no poder morirse de risa.

173

Un matrimonio acudió al médico para averiguar los resultados de unos exámenes del esposo. Éste estaba muy nervioso y le dijo al médico que le diera cualquier noticia a su esposa mientras él esperaba fuera de la consulta. El médico le dijo a la esposa:

–Su marido está muy delicado y puede morir en cualquier momento.

La esposa echó a llorar y el médico continuó:

–Pero hay una forma de prevenir que no muera.

La esposa, alegre, le pidió que le dijera cómo:

–Tiene que dejar que no trabaje, que descanse todo el día, alimentarlo al menos cuatro veces al día y darle todo lo que quiera.

Al terminar, cuando el esposo vio a su esposa, asustado le preguntó:

–¿Qué te ha dicho el médico?

Ella respondió:

–¡Que vas a morir!

–¡Doctor, doctor, el cabello se me está cayendo demasiado rápido! ¿Me puede dar algo para conservarlo?
–Sí, claro, aquí tiene una caja de zapatos.

Un hombre que acude al dentista:

–Quiero que me quite esta muela que me da el coñazo desde hace una semana. ¿Cuánto me va a costar?

–Pues mire, hay dos precios: sin dolor y con dolor. Sin dolor cuesta 10.000, y con dolor, 20.000.

–Pues, doctor, quiero el precio de sin dolor.

Entonces, el dentista le pone la anestesia –sin dolor– y le empieza a estirar la muela con las tenacillas.

–¡Aaaaaayyyyyy!

–Mire, no me chille, que le cobro con dolor...

–Doctor, mi esposa no quiere hacer el amor.

–No se preocupe –le dice el médico–, lo que usted tiene que hacer es agarrar a su esposa por sorpresa, en el lugar que esté y en el momento que sea. La sorprende en la cocina, en el baño, etc., y lo hace allí mismo.

Al día siguiente vuelve el mismo hombre:
—Doctor, fíjese lo que son las cosas. Usted tenía razón: ayer, nada más llegar a casa, vi a mi mujer en el salita y ahí mismo me la cepillé, y no se opuso.
—¿Y qué dijo?
—Nada, pero si hubiera visto cómo se reían las visitas...

Una señora se entera de que su esposo ha sufrido un accidente; acude al hospital, se encuentra con el médico y le dice:
—Doctor, ¿cómo se encuentra mi esposo?
Y el médico le responde:
—De cintura para abajo está bien.
Y la señora, contenta, le vuelve a preguntar:
—¿Y de la cintura para arriba?
—No sabría decírselo porque esa parte no la han traído.

—¡Doctor, doctor, auscúlteme!
—¡Rápido, debajo de la mesa!

El doctor está examinando a un paciente y le dice:
—Debería haber venido a verme antes.
—Sí, bueno, en realidad fui a ver a un curandero.
—Ya. ¿Y qué estupidez le dijo ese curandero?
—Que viniera a verle a usted.

Tras examinar a un paciente que es un alcohólico crónico, el médico le dice:
—No encuentro la razón de sus dolores de estómago, pero francamente, creo que esto se debe a la bebida.
—Bueno, entonces volveré cuando usted esté sobrio.

Un hombre acude al médico con un hacha clavada en la cabeza:

–Doctor, doctor, vengo a que me examine los testículos.
–Pero, y ¿el hacha?
–Por eso, es que cada vez que estornudo me pego con el mango.

El médico comenta a su paciente:
–Vea, mi querido amigo, lamentablemente encuentro que le queda muy poco de vida, yo diría que... diez...
–¡Diez!, ¿qué, doctor?, ¿meses?, ¿semanas?
–Nueve, ocho, siete...

Una mujer acude al psicólogo:
–Doctor, tengo complejo de fea.
–¿Complejo solamente?

****

El paciente empieza a recuperarse de la anestesia y pregunta:
–Doctor, doctor, ¿ha sido usted capaz de conservarme la mano?
–Si, aquí la tiene, en un frasco de formol.

Un hombre visita al médico ya que padecía de un fuerte dolor en la frente. El médico lo examina y concluye:
–El caso es que le va a salir un pene en la frente.
Y el hombre, asustado, responde:
–¡Pero esto es terrible! ¡Imagínese cómo me voy a ver!
Y el médico responde:
–¡No!, usted no se va a ver mal.
El hombre descansa y dice:
–¡Gracias a Dios!, y ¿por qué, doctor?
–Sencillo, porque los huevos le van a tapar los ojos.

Un anciana va al médico:
–Doctor, quiero que me recete píldoras para evitar el embarazo.
–Pero bueno, si usted tiene 75 años, ¿cómo espera...?
–No, si es que me ayudan a dormir.
–¿De verdad? ¿Duerme mejor tomando la píldora?
–No, si no es para mí. Es que se las pongo a mi nietecita de quince años en la Coca-Cola, y no imagina lo bien que duermo.

–Doctor, mi mujer cree que es una gallina.
–Bueno, tráigala, a ver si la curo.
–¡Sí, claro!, ¡con la falta que nos hacen los huevos!

Un hombre entrado en años va al médico:
–Doctor, mi problema es que ya no puedo hacerlo con mi mujer. Lo intento pero no me responde.
–¿Pero usted cuántos años tiene?
–Sesenta.
–Claro, es normal. Le pondré un ejemplo. Imagine que tiene 300 cohetes para lanzar y cada año lanza 20 cohetes. Llega un momento en que se le acaban y ya no le quedan más para lanzar.
–¡Ah!, yo creía que no se acababa. Bueno, pues adiós doctor, y gracias.
Al día siguiente regresa con su mujer:
–Doctor, mire, que hemos echado cuentas mi mujer y yo, y aún me faltan 100 cohetes.
–¡Ah, pillín! ¿Y los que le han estallado en la mano?

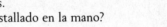

–¡Doctor, doctor, ayúdeme!, ¡tengo delirios!, ¡me creo perro!
–Ajá, ¿y desde cuándo es eso?
–Creo que desde cachorro.

****

–Doctor, doctor, todo el mundo me ignora.
–El siguiente...

Un hombre va a la consulta del médico y le dice:
—Doctor, me he caído y me duelen mucho las piernas.
El médico, después de examinarlo, le dice:
—No se preocupe, no es nada. Dentro de unos días ya estará usted trabajando.
—¡Caramba, doctor, qué maravilla! Además de curarme, ¿me dará trabajo?

Un viejecito le dice a un médico:
—Tengo un problema.
—¿Cuál es el problema?
—Que puedo hacer el amor solamente tres veces al año.
—Yo no veo el problema.
—Es que mi esposa quiere que lo haga con ella.

Un hombre recién operado de un brazo:
—¡Doctor, doctor, dígame la verdad! Después de la operación, ¿podré tocar la guitarra?
—No se preocupe, señor, perfectamente.
—¡Qué bien, porque antes no sabía!

Un futuro padre espera a que su mujer dé a luz. Cuando nace el niño, viene el médico y el padre le pregunta:
—¡Doctor! ¿Cómo ha ido el parto?
—¡Bien!, pero hemos tenido que ponerle oxígeno.
—¡Qué pena! Con lo me hubiera gustado ponerle Mariano.

—Doctor, me gustaría vivir mucho tiempo.
—Hum... veamos, ¿usted fuma?
—Sí.
—Bueno, pues nada de eso, se le ha acabado el fumar.

—DOCTOR, DOCTOR, ¿CÓMO SE ENCUENTRA MI HIJO, EL QUE SE TRAGÓ UNA MONEDA GRANDE?
—SIGUE SIN CAMBIO.

****

—DOCTOR, DOCTOR, VEO ELEFANTES AZULES POR TODAS PARTES.
—¿HA VISTO YA A UN PSICÓLOGO?
—NO, SÓLO ELEFANTES AZULES.

El hombre asiente.
–¿Usted bebe?
–Sí.
–Nada de beber. Sólo agua. Sin excepciones.
El pobre hombre lo comprende.
–¿Está casado? –continúa preguntando el médico.
–Sí.
–Bueno, pues según salga de la consulta, va a comprar dos camas pequeñas y no vuelva a tocar a su esposa. Nada de sexo en lo sucesivo.
El tipo pone cara de preocupado.
–¿Y qué tal come?
–Pues lo normal.
–Nada, eso le sienta fatal. Le voy a recetar una dieta a base de verduras que...
–Oiga, ¿pero todo esto realmente hará que viva más?
–Pues no, la verdad, pero lo que le quede de vida le parecerá una eternidad.

Un hombre va al médico y le dice:
–Doctor, vengo a verlo porque tengo un problema de tos terrible.
El médico busca un frasquito en un cajón y se lo entrega diciéndole:
–Tome tres dosis diarias de este laxante para caballos.
El paciente, asustado, replica:
–Pero, doctor, ¿cree que este laxante me va a curar la tos?
Y el médico contesta:
–Bueno, curársela no creo, pero le aseguro que no se va a atrever a toser.

El médico le dice a su paciente en tono muy enérgico:
–Ya sabe, en los próximos meses, nada de fumar, beber, salir con mujeres todos los sábados e ir a comer a esos restaurantes caros, nada de viajes ni de vacaciones.

El doctor examina a un alcohólico:
–Su salud es muy precaria, ¡deberá beber mucha más agua que vino!
–¡Imposible, doctor! Ya estoy bebiendo tres litros de vino.

****

–He ido al médico, y me ha quitado el whisky, el tabaco y las drogas.
–Pero, ¿vienes del médico o de la aduana?

–¿Hasta que me recupere, doctor?
–¡No!, ¡hasta que me pague todo lo que me debe!

Un joven llega a la farmacia y, con toda la vergüenza del mundo, pide a la encargada:
–Señorita, un condón, por favor.
–¿De qué tamaño?
–No sé.
–A ver, sáquela y póngala aquí, en la palma de mi mano.
El joven se la saca y la pone en la mano de la encargada, que la empieza a palpar y le grita a su ayudante:
–¡Pásame un condón del cinco!
Interrumpe su petición y vuelve a gritar:
–No, espérate, del siete. No, que sea del nueve... no, no, del diez... ¡Mejor pásame un kleenex!

Un hombre de 85 años dice a su médico:
–Quiero hacer el amor sin viagra.
Y el médico replica:
–¡Eso es imposible!
–Pues un amigo dice que lo hace.
–¡Pues dígalo usted también!

–Doctor, tengo un problema, soy eyaculador precoz y no disfruto nada cuando hago el amor con mi mujer.
–Por supuesto, ella disfruta menos.
–Claro, ¿qué puedo hacer?
–Bueno, yo tengo una terapia que es infalible. ¿Tiene usted alguna arma?
–Sí, un revólver.
–Bueno, empiece a hacer el amor con su esposa. Cuando sienta que está por acabar, dispare dos veces al aire. Así se despejará la mente y seguirá haciendo el amor con su esposa, más tranquilo y durará más con ella.
Al mes, el doctor se encuentra al eyaculador precoz en un centro comercial y le pregunta:
–¿Cómo está?, ¿cómo le va?, ¿le funcionó la terapia?
–Doctor, me fue terrible, ¡fatal! Esa misma noche llegué a casa y mi mujer estaba dispuesta. Empezamos haciendo el 69; cuando sentí que me estaba viniendo, eché dos tiros al aire. Mi mujer, de la impresión, me mordió un huevo y del susto me cagó la cara. Para ter-

minar, salió un tipo del armario gritando: «¡no me mate, no me mate!».

Dos médicos ven a un viejecito andando lentamente y en postura semierguida:
–¿Has visto un caso más claro de pinzamiento vertebral, con lesión en el plexo nervioso que ha afectado al sistema locomotor inferior?
–Siento decirte, querido colega, que estás equivocado. Soy especialista en el tema y lo que tiene ese hombre es una malformación congénita en la rótula con desviación del fémur.
Para salir de dudas, deciden preguntar al viejecito:
–Perdone, pero mi colega y yo discutimos sobre el motivo de su problema. A él le parece que se debe a una deformidad en las rótulas, y a mí, a un pinzamiento vertebral. ¿Qué nos puede decir al respecto?
–Si quieren que les diga la verdad, yo pensé que era un simple pedito, pero, sencillamente, ¡me cagué!

Un viejecito llega al consultorio quejándose de que le duele todo el cuerpo, y el médico le pregunta:
–Y, ¿qué le ha ocurrido?
–Mire, doctor, sin darme cuenta me sacudió una bicicleta, y aún no me había levantado cuando me arrolló un camión. No me levantaba de nuevo cuando me pegó una vaca, y acto seguido me abordó un avión...
El doctor le interrumpe:
–Mire, lo de la bicicleta me lo creo; lo del camión, puede ser, pero lo de la vaca y el avión...
–Créame, doctor. De verdad, si no hubieran detenido el carrusel, me pegan todavía el barco, el caballo y la nave espacial.

En la consulta:
–Doctor, creo que de tanto tomar café, me está afectando a los ojos. Cada vez que tomo café, el ojo derecho se me hincha.
El paciente muestra su ojo derecho, bien rojo e hinchado.
Tras examinarlo, el médico dice:
–Creo que he hallado la razón de por qué tiene ese ojo así. De ahora en adelante, no sea tan bruto y quite la cucharilla de la taza antes de tomar el café.

MILITARES

Ese cuerpo tan
serio y disciplinado, dando
y obedeciendo órdenes de forma
constante, no podía ofrecer
mejores ingredientes para una
porción de estimulante humor.
Dispuestos a todo para salvar
a la patria, aunque para ello
algunos tengan que
aniquilarla.

Es una patrulla de soldados rusos al lado de un barranco. El sargento observa el fondo del precipicio, se gira, y dice:

–¡Soldado Ivanov!

–¡Señor!

–Póngase aquí.

–¿Eh?,... ¡sí, señor!

–Ahora salte.

–¿Perdón, señor?

–¡He dicho que salte al barranco, soldado! .

–¡Sí, señor!

El soldado salta. El sargento se vuelve a asomar al precipicio, lo mira durante un rato y dice:

–¡Brigada Petrov!

–¡Señor!

–Muévase tres metros a su izquierda.

–Sí, señor.

–Póngase así.

–¡Sí, señor!

–¡Salte!

–¡Sí, señor!

Y salta al vacío. El sargento se vuelve a asomar al precipicio, piensa durante un rato y dice:

–¡Soldado Sidorov!

–¡Señor!

–¡Muévase cinco metros a la derecha y póngase en cuclillas!

–¡Sí, señor!

–¡Salte!

¡Enrólate en el Ejército! Viaja a países exóticos, conoce a gente interesante, inteligente, con ideas diferentes, y ¡mátalos!

–¡Sí, señor!
Una vez el soldado ha saltado, el sargento analiza de nuevo el fondo del barranco y dice:
–¡Alférez Strogoff!
–¡Señor!
–Póngase así.
En ese momento pasa un jeep cerca del pelotón. Un capitán se levanta y grita:
–¡Sargento Tchebychevich! ¡Es la última vez que lo aviso! ¡Le formaré un consejo de guerra si vuelvo a sorprenderlo jugando con los soldados al Tetris!

Historia de un pollo (real aunque parezca broma):

Al igual que, para mejorar la seguridad de los automóviles, se realizan pruebas con los habituales *dummies* (muñecos), en la industria aerospacial, para probar la resistencia de los fuselajes y ventanillas se efectúan pruebas de impacto con aves. El órgano de aviación estadounidense (Federal Aviation Administration, FAA) preparó una bellísima *home page*, infelizmente ya desactivada, describiendo uno de sus más ingeniosos dispositivos técnicos.
Se pretendía probar la resistencia del cristal del parabrisas de las aeronaves mediante una especie de cañón que disparaba un pollo muerto en dirección al cristal del avión a probar. El disparo era exacto y reproducía la velocidad con la cual el ave alcanzaría el avión en vuelo. Teóricamente, si el parabrisas resiste la prueba de impacto del ave, entonces debe soportar una colisión con un pájaro en un vuelo real. En la práctica, el dispositivo funcionó perfectamente en centenares de pruebas efectuadas en Estados Unidos.
Especialistas españoles, que estaban desarrollando una locomotora superveloz, encontraron esa *home page* y se interesaron por el cañón de pollos, pensando en aplicar la idea a los parabrisas de su nuevo tren de alta tecno-

¿Cuál es el colmo
de un dinamitero?
–Que lo exploten
en su trabajo.

* * * * * * *

¿Cuál es el colmo
de un cobarde?
–No poder apagar
la luz para esconderse
de su sombra.

logía, en fase final de proyecto. Entraron en contacto con la FAA, consiguieron un cañón prestado y procedieron a efectuar los tests.

Ya en el primer tiro, el pollo reventó el cristal frontal del tren, quebró el panel de instrumentos, estropeó la silla del ingeniero, hirió a dos técnicos y voló hasta el fondo de la locomotora, estrellándose en la pared trasera y dejando un profundo agujero en la chapa. Los especialistas españoles quedaron completamente perplejos con el sorprendente y violento resultado. Documentaron la escena en detalle, produjeron fotos digitales, grabaron declaraciones de testigos oculares, elaboraron documentos técnicos y enviaron toda la información en un archivo comprimido a la FAA por correo electrónico, preguntando qué era lo que habían hecho mal.

Los técnicos americanos estudiaron cuidadosamente la documentación recibida y respondieron, en un e-mail seco y directo: «¡Descongelen el pollo!».

–¡Soldado González! ¿Qué haría usted si se le acabasen las municiones y el enemigo estuviera atacándolo violentamente? –preguntó el teniente.
–¡Seguiría disparando, mi teniente, para que el enemigo no se diera cuenta!

En la mili:
–¡Presenten armas!
–Mi capitán, le presento a mi fusil. Fusil, te presento a mi capitán.

En el ejército, cada vez que el sargento pasa lista, al llegar al soldado Clemente Pamplinas, éste contesta:
–¡Tócame las anginas!

¿EN QUÉ SE PARECEN los espermatozoides y los militares?
—AMBOS TIENEN UNA OPORTUNIDAD ENTRE MILLONES DE CONVERTIRSE EN HUMANOS.

****

—A los militares HABRÍA QUE PONERLOS EN UN PEDESTAL.
—¿PARA QUÉ?
—PARA vigilarlos MEJOR.

Harto el sargento de tanto arrestarlo, un día grita:
–¡Pamplinas, Clemente!
–Tócamelas igualmente –responde el soldado.

–Mi capitán, mi capitán, ¡vienen los indios!
–¿Vienen en son de paz o en son de guerra?
–¡Para mí que vienen en son de juerga, porque van todos pintados y con plumas!

No es lo mismo tener
la fuerza, el coraje y el
empuje de Julio Iglesias,
que Julio te la empuje
con fuerza y coraje
por todas las iglesias.

* * * * * *

No es lo mismo ser
cabo en la mili, que
se acabó la mili.

–Soldado, ¿ha sido usted feliz en el ejército?
–¡Sí, señor!
–Y ahora que se licencia, ¿qué piensa hacer?
–¡Ser mucho más feliz, señor!

Los reclutas paracaidistas van a realizar su primer salto.
Salta el primero, con tan mala suerte que la anilla se rompe sin que se abra el paracaídas. El sargento le grita desde el avión:
–¡Tira de la anilla de emergencia, desgraciado!
–¿Y dónde está? –pregunta el recluta aterrorizado.
–¡Por donde los huevos!
El recluta, desesperado, se echa las manos al cuello, palpa con los dedos y grita:
–¡No la encuentro! ¡No la encuentro!

NiÑOS

Esas inocentes y encantadoras criaturas son capaces, en alguna ocasión, de las peores atrocidades. Niños rebeldes, impertinentes, listillos, marranotes y crueles son casi siempre los mejores protagonistas.

Dos niños presumiendo de sus papás:
—Mi padre es mejor que el tuyo.
—Bueno, pues mi madre es mejor que la tuya.
—Sí, creo que tienes razón, mi padre dice lo mismo.

Un niño pequeño le dice a su madre:
—Mamá, tengo pipí.
A lo que ésta le contesta:
—Espera un momento, que ahora te acompaño.
—No, mamá, que venga el abuelo, que a él le tiembla la mano.

Estaba una señora con su hijo de cinco años en la consulta del ginecólogo y éste le dice:
—Debe dejar a su hijo fuera, él no se puede quedar dentro de la consulta.
—No se preocupe, no hay problema por él —dijo la señora—; lo sabe todo, ya se lo hemos aclarado.
El ginecólogo sonríe y trata de hacer una pequeña prueba con el niño. Le toca las tetas a la señora y pregunta al niño qué es lo que acababa de hacer.
—Acabas de tocar las tetitas a mi mamá —contesta el pequeño.
El ginecólogo besa a la señora entre las piernas. El niño dice:

–Acabas de hacerle un cunnilingus a mi madre.
El ginecólogo está impresionado. Agarra a la madre, la acuesta sobre la mesa y le hace el amor. Cuando termina, pregunta al pequeño:
–Y ahora, ¿qué diablos acabo de hacer?
El niño contesta:
–¡Ahora acabas de contraer la sífilis, idiota!

–¿Jugamos a la magia?
–Bueno, ¿cómo se hace?
–Yo te hecho unos polvos y tú desapareces.

Los padres se marchan de casa, y el hermano le dice a la hermana:
–¡Jo, qué buena estás! Si no fuese porque somos hermanos, te echaría un polvo.
–Ya ves qué tontería. Venga, vamos al dormitorio.
Al acabar, la hermana le dice:
–Oye, ¿sabes que la tienes más grande que papá?
–Sí, ya me lo había dicho mamá.

Un niño llega a su casa y dice:
–Hoy he evitado una violación.
–Muy bien, hijo, ¿cómo lo hiciste?
–Salí detrás de ella, pero me arrepentí.

En la escuela de Pedrito, la maestra entra en clase:
–¡Niños!, hoy toca la clase de sexología. El tema es la masturbación.
Pedrito se levanta, agarra la mochila y replica:
–Profesora, ¿los que ya follamos podemos irnos?

Es un niño que siempre se pasa la vida molestando a su profesora. Entonces, cierto día, pregunta a la maestra en clase:

–Profesora, ¿la madera se come?

–No, la madera no se come.

–¿Y por qué anoche, al cruzar la puerta del cuarto de mis padres, mi madre decía:

–¡Ay, cariño, qué rico palo, qué rico palo!

Se preparaban los padres de Pepito para ir a ver al recién nacido de una familia amiga. La madre, conociendo a Pepito, antes de salir lo sentó en la salita y, arrodillándose frente a él, le dijo casi en tono suplicante:

–Mira, Pepito, al niño que vamos a ver y que acaba de nacer le faltan las orejitas. Pero, por amor de Dios, tienes que hacer como si no vieras nada, sin hacer ningún comentario.

Pepito, con asombro, exclamó:

–¿Y le faltan las dos orejas?

–Sí, Pepito, pero no hagas alusión a ello, ¿vale?

–Te lo prometo, mamá –dijo Pepito en tono altanero.

Cuando llegaron a la casa de esa familia, todos fueron a la cuna y sobraron las exclamaciones de: «¡Qué hermoso niño!», «¡Qué lindo!», etc.

Pepito, metiendo la cabeza por entre las piernas de sus padres, puso su cara encima del colchón y estuvo largo rato observando la falta de orejas del niño. Los padres lo miraron con temor, pero al ver la inexpresión en el rostro del niño, se confiaron.

La visita fue corta; al retirarse, después de que la madre del bebé besara a Pepito en la mejilla, éste le dijo desde la puerta:

–Señora, cuídele los ojitos al niño.

La mujer, sorprendida, preguntó:

–¿Por qué, Pepito?

–Porque no tiene por dónde enganchar la pata de las gafas.

–Mamá, mamá, ¿soy un oso polar?

–Sí.

–¿Pero de verdad, de verdad, que soy un oso polar?

–¡Que sí, hijo! ¿Qué te pasa?

–¡Que tengo un frío de cojones!

PAREJAS

Novios y otro tipo
de relaciones en más de una
ocasión son también prolíficas
en situaciones divertidas. Novios
que van al cine, parejas que hacen
el amor y otras que acaban
de empezar y no saben
cómo terminará su
«ETERNO AMOR».

—Mariano, parece que quieres más al perro que a mí.
—Que no, tonta, que os quiero igual.

* * * * * * *

Dice la mujer al marido:
—Lo que pasa es que nunca me dices nada con amor. Dime algo con amor, por lo menos hoy.
Y el marido contesta:
—¡Amorfa!

—María, dime la verdad, ¿cuántos años tienes?
—Veinticinco.
—Pero si me dijiste veinticinco el año pasado.
—¡A ver si te piensas que soy de esas que primero dice una cosa y después otra!

—Cariño, ¿crees que voy muy escotada?
—¿Tu tienes pelo en el pecho, amor mío?
—¡Nooooo!
—Pues entonces, sí.

Un matrimonio celebra su aniversario, y la esposa pregunta al marido:
—Cariño, ¿qué me has comprado para celebrar nuestro aniversario?
—Una tumba en el cementerio.
¡No veas qué bronca se llevó el marido! Al año siguiente:
—Cariño, ¿qué me has comprado para celebrar nuestro aniversario?
—¡Nada!, todavía no has usado lo que te compre el año pasado.

El juez, en un divorcio, dice al marido:
—Después de haber estudiado el caso, le concedo a su

esposa una pensión vitalicia de 50.000, más 10.000 por cada hijo. ¿Tiene algo que decir?
–Que es usted muy generoso. No sé si yo podré dar algo también.

Un hombre muy *finolis* se casa con una mujer de menor clase que él. Cuando llegan a casa después de la boda, la mujer se tira obscenamente sobre la cama y dice, con voz grave y palurda:
–Ahora, ¡a joder!
–María, por favor, ¡no somos perros! Haremos el amor, pero con educación.
El hombre se va al cuarto de baño, se ducha, sale en calzoncillos y se mete en la cama con una afección y una parsimonia exageradas. La mujer hace lo mismo: se ducha, sale con un picardías y se mete en la cama. Al cabo de unos segundos de silencio, la mujer dice con un tono lo más cortés posible:
–Cariño, ¿me pasas el sexo, por favor?

–Mi amor, hoy estamos de aniversario de matrimonio, ¿por qué no matamos un pollo?
–¿Y qué culpa tiene el pollo? ¿Por qué no matamos a tu hermano, que fue quien nos presentó?

Un chico le dice a su novia:
–Mari, ahora mismo te la voy a meter hasta el fondo.
–¡Jolines!, podrías decir algo más romántico.
–Está bien: María, a la luz de la luna te la voy a meter hasta el fondo.

UNA MUJER A SU MARIDO:
–¿A dónde vas, PACO?
–A la taberna.
–PUES PÉGAME AHORA,
QUE LUEGO ME DESPIERTAS.

****

–CARIÑO, CUANDO cumplamos las bodas de plata te voy a llevar a CANCÚN.
–¿Y cuando cumplamos las de ORO?
–QUIÉN SABE, lo mismo TE VOY A RECOGER.

Cómo satisfacer a su pareja:

☺ Cómo satisfacer a una mujer: debe lamerla, mano-
searla, coquetearla, acariciarla, alabarla, mimarla,
saborearla, masajearla, darle una serenata, felicitarla,
apoyarla, regalarle flores, alimentarla, darle de
comer en la boca, bañarla, complacerla, aplacarla,
estimularla, acariciarla, consolarla, ladre, ronronee,
abrácela, consiéntala, excítela, pacifíquela, protéjala,
telefonéela, correspóndale, anticípese, recuerde las
fechas, besuquéela, atiéndala, perdónela, sacrifíque-
se, corra, salga, vuelva, pida, suplique, entreténgala,
entréguese, encántela, arrástrese, demuestre igual-
dad, oblíguela, fascínela, asístala, implórele, grítele,
aféitela, confíele, zambúllase, gire, bucee, rebájese,
ignórela, defiéndala, ordéñela, haláguela, vístala,
móntela, presuma, perfúmese, prevalezca, racionali-
ce, desintoxíquela, santifíquela, ayúdela, reconózca-
la, actualícese, acéptela, acéitela, escúchela, entién-
dala, cepíllele el cabello, ruegue, pida prestado,
robe, suba, nade, repare, remiende, respétela, entreténgala, alíviela, asesine, muérase, sueñe, prometa,
exceda, entréguese, enciéndala, aflíjase, engatúsela,

En el matrimonio pasan
cosas muy raras, por
ejemplo: en el primer
año de casados, el
marido habla y la mujer
escucha; en el segundo,
la mujer habla y el
marido escucha; y en
el tercer año, hablan
los dos y escuchan
los vecinos.

murmúrele al oído, acurrúquese, arrástrese como un cangrejo en el suelo del océano de su existencia, vuele, resbálese, apriétela, hidrátela, humedézcala, enjabónela, mójela, séquela, ámela, pliéguese, compláscala, deslúmbrela, asómbrela, encántela, idolátrela y ríndale culto, léase todos los libros de cómo hacerle el amor a una mujer... Entonces, regrese y hágalo todo de nuevo.

☺ *Cómo satisfacer a un hombre:* hágale sexo oral.

En un funeral hay dos féretros y, junto a ellos, un señor, un perro y 200 personas en la cola, esperando para dar el pésame. Se acerca un hombre y le pregunta:
—¿Quién era?
—Ésta de aquí, mi esposa.
—¿Y qué le pasó?
—Pues que el perro pensó que estábamos enfadados, la atacó, la cogió del cuello y...
—¿Y el otro féretro?
—Su madre.
—¿Qué pasó?
—Intentó ayudar a la hija y el perro...
—¡Le compro el perro!
—Póngase en la cola.

Llega el marido y dice a su esposa:
—Mi amor, ¿lista para tres polvazos?
—¿Por qué, mi vida?, ¿vienes muy caliente?
—No, mi amor, es que vengo con dos amigos.

******

—Cariño, el médico me ha dicho que sólo me quedan ocho horas de vida, así que me voy a ir toda la noche de juerga contigo.
—Claro, como tú mañana no tienes que madrugar...

Un día, la esposa, muy disgustada, dice a su esposo:
—Estoy cansada de tu sentido de pertenencia, todo el tiempo andas diciendo: «mi casa», «mi esposa», «mi televisor»... ¿No habría alguna forma de que cambiaras esa actitud?
El esposo la mira y contesta:
—Bueno, ¿quieres alcanzarme nuestros calzoncillos?

La mujer está leyendo un libro y dice al marido:
–¡Qué descaro! ¿Te quieres creer, Manolo, que un tal Pablo Neruda ha publicado un libro copiando las poesías que me escribiste cuando éramos novios?

Estaba un señor sentado en el sofá de su casa y, viendo a su esposa bien arreglada, le dice:
–¿Se puede saber a dónde vas?
–¡Voy a una fiesta!
–¿Y se puede saber a qué hora vas a regresar?
–¡Pues a la hora que me dé la gana!
Y replica el esposo:
–¡Pero ni un minuto más!

Dos esposos estaban durmiendo en su casa cuando, de repente, la señora escucha un ruido:
–¡Juan, despierta! Creo que quieren entrar a robar.
–¡Asómate a la ventana para que crean que tenemos perro!

Una pareja de jubilados está realizando un crucero por el mar. Al llegar la noche, ella entra por sorpresa en el camarote mientras él se está quitando la camiseta por la cabeza. Aprovechando el momento, ella le mete mano en el «paquete» diciendo:
–¿De quién son estos huevecillos...?
–¡Del capitán del barco, señora!

Una noche, se acuesta una pareja para dormir cuando el marido empieza a tocar a su esposa. La mujer se vuelve y le dice:

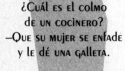

¿Cuál es el colmo de un jardinero?
–Que su novia se llame Rosa y lo deje plantado.

****

¿Cuál es el colmo de un cocinero?
–Que su mujer se enfade y le dé una galleta.

****

¿Cuál es el colmo de un carpintero?
–Tener una hija cómoda y una esposa coqueta.

–Lo siento, cariño, mañana a primera hora tengo cita con el ginecólogo y quiero estar fresca.

El marido continua haciéndole caricias, pero esta vez le susurra al oído:

–¿También tienes cita con el dentista mañana?

Dos novios muy tontos del Opus Dei, que están en la habitación del hotel en su noche de bodas:

–¿Qué hacemos, Luis? –dice la novia aburrida.

–No tengo ni idea –dice Luis agarrando el teléfono y llamando a su padre:

–Papa, ¿qué hay que hacer en la noche de bodas?

–Hijo, tienes que meter eso que tienes duro y con pelos por donde ella hace pipí.

Al cabo de un rato, es la novia la que llama por teléfono a su madre:

–Mamá, estoy preocupada... ¡Luis lleva una hora con la cabeza en el retrete!

Una pareja está en el campo. Empiezan con el calentón y él se pone a comerle el coño.

–¡Pepe, Pepe!, quítate las gafas, que me haces daño.

Pepe se quita las gafas y sigue con la tarea. Al cabo de un momento, ella dice:

–Anda, Pepe, ponte de nuevo las gafas, que te estás comiendo el césped.

Una pareja de granjeros estaba haciendo el amor y, en plena sesión, el granjero le toca los senos a la mujer, los acaricia y le dice:

–¡Uauuuu! Si estos senos dieran litros de leche, sacaría a todas las vacas de la granja...

Luego le acaricia el trasero y le dice:

–¡Oooh! Si este trasero pudiera poner cientos de huevos, sacaría a todas las gallinas de la granja...

Entonces, la mujer le coge el pene y dice:

–Y si esta cosa se levantará más a menudo, sacaría a todos los peones de la granja.

Una mujer va a comprar un armario a un centro comercial. Para que le salga más barato, lo compra desmontado y pretende montarlo en casa.

Llega a su casa, lo monta y le queda perfecto, pero en ese momento pasa el metro (vive justo encima de la estación) y el armario cae al suelo, desmontándose y provocando un gran ruido. Mosqueada, lo vuelve a montar, vuelve a pasar el metro y el armario se cae a trozos de nuevo. A la tercera, llama al centro comercial, explica el problema y le dicen que le envían un técnico.

Llega el técnico y monta el armario, pero pasa el metro y el armario se desmonta de nuevo. Finalmente, le dice a la señora:

–Mire, lo monto otra vez, me meto dentro y, cuando pase el metro, desde dentro veré mejor por dónde cae. Lo monta, se introduce en el interior y, en aquel momento, llega el marido de la mujer:

–Cariño, ¡qué armario tan bonito!

Abre la puerta, ve al instalador y le pregunta:

–Y usted, ¿qué hace aquí?

–Pues, mire, he venido a tirarme a su mujer, porque si le digo que estoy esperando el metro no se lo va a creer.

Dice el padre de la novia al novio:

–¡Cuento con que tengas el porvenir asegurado!

–Ya lo creo, yo también, sobre todo después de casarme con su hija.

¿Cuál es el colmo de un despistado?
—Casarse sin Remedios.

****

¿Cuál es el colmo de la prudencia?
—Hacer el amor con preservativos de aluminio y acariciar con guantes de boxeo.

Dice un tipo a una chica que le gusta:
–¡Contigo iría hasta el fin del mundo, preciosa!
–Cariño, no hay que ir tan lejos. Primero vamos a esa joyería de ahí, a ver cómo te portas, y luego vamos a mi apartamento y verás cómo me porto yo.

Dice el baturro a la novia:
–Remedios, antes de casarnos quiero que me des una prueba de tu pureza.
–¡Ah, no! –contesta Remedios–. A catorce he dado ya esa prueba y ni uno se ha casado conmigo.

Dos indios estaban haciendo el amor y en eso la india, entre jadeos, dice:
–¡Ay, me abrumas!
Y el indio replica:
–¡Huuyyy! Y esas palabras tan *elegantiosas*, ¿de dónde las oíste y qué quieren decir?
–No, no seas pendejo, ¿qué si me *abru* más de patas o qué?

En un bar:
–¡Qué hermosa te pone el vino, guapa!
–Pero si no he bebido...
–Tú no, pero yo sí.

Dos recién casados suben al tren que los lleva a pasar su «luna de miel». Cuando llegan al vagón de las literas, ven que están todas ocupadas menos dos; estas dos que están vacías son la de arriba y la de abajo, pues la del centro va ocupada por un viejecito que duerme.
La parejita quiere «estrenar» su primera noche de recién casados, por lo que el chico dice a la chica:
–Tú te subes a la litera y cuando tengas ganas me llamas. Para disimular, dices «naranja», subo a tu litera y ya sabes.
Pasa una hora y la chica dice:
–¡Naranja, naranja!
El chico sube a la litera de la chica y hacen el amor. Na-

die se da cuenta, ni siquiera el viejecito, que duerme con la mitad de la cabeza fuera de la litera. Cuando el chico hace poco que se ha acostado en su litera, de nuevo lo llama su chica:

—¡Naranja, naranja!

El chico sube a la litera de la chica y de nuevo hacen el amor. Así, varias veces. Ya de madrugada, cuando despunta el sol, por séptima vez la chica lo reclama:

—¡Naranja, naranja!

El pobre chico, ya muy cansado y con la lengua fuera, sube por la escalera a la litera de la chica. Hacen el amor y, en ese momento, el viejecito asoma la cabeza, limpiándose la cara mojada, y dice:

—Me parece bien que a su chica le guste la naranja, pero por favor, ¡no me echen el jugo en la cara!

—No deberías conducir en esas condiciones, Pepe...
—¡Coño, es que ni muerto me vais a dejar en paz!

Una pareja de novios va por la calle cuando un grupo de gamberros empiezan a silbar. La novia le dice:

—Manolo, ¿me silban a mí?

—Confío en que sí.

PEDOS

Éste es un capítulo
del libro que destaca por su
«ambiente». Las ventosidades,
bien por su potencia, bien por
su aroma, constituyen los
protagonistas absolutos de
situaciones comprometidas
y comprometedoras.

UNA CERDITA A SU MADRE:
—MAMÁ, MAMÁ, ¿POR
QUÉ TENGO UN AGUJERO
EN EL CULO?
—PORQUE SI LO TUVIERAS
EN LA ESPALDA SERÍAS
UNA HUCHA.

Había una vez un hombre que tenía una loca pasión por las alubias pintas; las amaba, aun cuando siempre le producían situaciones embarazosas debido a estruendosas reacciones intestinales. Un día conoció a una chica de la que se enamoró. Cuando ya era una realidad que se casarían, él se dijo a sí mismo:

—Ella es tan dulce y gentil, que nunca aguantaría algo como esto.

Así que el tipo hizo el sacrificio supremo y abandonó para siempre las alubias pintas. La pareja se casó y, algunos meses después, un día él sufrió un pequeño accidente de automóvil mientras iba de casa al trabajo, por lo que llamó a su esposa:

—Cariño, llegaré tarde. Tendré que caminar varios kilómetros hasta llegar a casa.

De camino, se detuvo en una cafetería y no pudo resistir la tentación. Pidió tres grandes platos de alubias pintas. Se pasó todo el camino a casa ventoseando como una motocicleta, tirando gases, y al llegar a casa creyó estar suficientemente seguro de que había expulsado hasta el último gas intestinal.

Su esposa, muy contenta por su llegada y agitada al verlo, exclamó:

—Mi amor, esta noche tengo una increíble sorpresa para cenar.

Para su sorpresa, ella le vendó los ojos en la entrada de la casa y lo acompañó hasta la silla del comedor, donde lo sentó. Justo cuando le iba a quitar la venda de la cara, sonó el teléfono. Ella dijo:

–No te quites el vendaje de la cara hasta que vuelva de hablar por teléfono, por favor, cariño.

Aprovechando su momentánea ausencia, y sintiendo inesperadamente una repentina e inaguantable presión intestinal, apoyó todo su peso sobre una de sus piernas y dejo escapar un pedo. No fue muy ruidoso, pero tan oloroso que sólo lo soportaría el autor del mismo. Sacó del bolsillo un pañuelo y empezó a moverlo vigorosamente para ventilar la habitación.

Todo volvía a la normalidad, pero de pronto sintió ganas de tirarse otro, por lo que volvió a apoyar el peso de su cuerpo sobre una pierna y dejó escapar otra ventosidad. A diferencia del anterior, este pedo podía ser el ganador de un gran premio. Desesperadamente, movió el pañuelo para mover el aire y ventilar más la habitación. Con un oído atento a la conversación telefónica, le vinieron ganas de tirarse uno más, y se lo tiró. La cosa se puso

No es lo mismo HUELE a TRASTE, QUE ATRÁS te HUELE.

****

No es lo mismo subir al pináculo de la cima, QUE subir a la cima con un pino en el culo.

203

difícil. Siguió desesperadamente, y con los ojos vendados, moviendo el pañuelo para hacer un poco de aire. Hasta que oyó que su esposa colgaba el teléfono, lo que indicaba el fin de su «libertad». Colocó el pañuelo en su bolsillo y cruzó las manos, con una sonrisa de oreja a oreja, lo que sin duda alguna es la mejor imagen de una persona inocente.

Disculpándose por haber estado tanto tiempo al teléfono, su esposa le preguntó si se había movido el vendaje y había visto algo. Él le aseguró que no había visto nada. Ella le quitó la venda de sus ojos y allí estaba la sorpresa: doce invitados a cenar, sentados alrededor de la mesa para su fiesta sorpresa de cumpleaños...

Poema al pedo (a la mexicana):

El pedo es como un alma en pena,
que a veces sopla y que a veces truena,
es como el agua que se desliza
con mucha fuerza, con mucha prisa.
El pedo es como la nube que va volando
y por donde pasa va fumigando.
El pedo es vida, el pedo es muerte
y tiene algo que nos divierte.
El pedo gime, el pedo llora,
el pedo es aire, el pedo es ruido
y a veces sale por un descuido.
El pedo es fuerte, es imponente,
pues se los tira toda la gente.
En este mundo, el pedo es vida
porque hasta el papa bien se los tira.
Hay pedos cultos e ignorantes,
los hay adultos, también infantes.
Hay pedos gordos, hay pedos flacos.
Según el diámetro de los tacos,
hay pedos tristes y risueños.
Si un día algún pedo toca a tu puerta,

¿Cuál es el colmo de un limpio?
—Hacer cigarrillos con papel higiénico.

****

¿Cuál es el colmo de un cochino?
—Ducharse todos los días y no poder evitar que le sigan llamando MARRANO.

no se la cierres, déjala abierta,
deja que sople, deja que gire,
deja que alguien lo respire.
También los pedos son educados,
pues se los tiran los licenciados.
Los pedos también tienen algo monstruoso,
pues si lo aguantas te llevan al pozo.

Antonio estaba en el mercado cuando sintió unas ganas increíbles de tirarse un pedo. Miró de aguantarse, pero no pudo. Fue el pedo más enorme que se haya tirado nadie jamás. Todo el mundo se quedó mirándolo y Antonio, muerto de vergüenza, decidió abandonar el país. Cuarenta años después consiguió recuperarse y volvió a su casa. Visitó el mercado y se quedó sorprendido al ver que todo era nuevo y tenía un aire moderno. En eso, que le pregunta a un viejo que pasaba por allí:
—¿Cuánto ha cambiado todo esto! ¿Usted recuerda cómo era antes?
—Sí, sí, ya lo creo, lo recuerdo. Pero hace cuarenta años, tres meses y cuatro días, un tal Antonio se tiró el Gran Pedo y hubo que reconstruirlo todo.

En un ascensor coinciden dos personas; una se tira un pedo muy disimuladamente, y la otra le dice:
—Oiga, ¿podría tirarse un pedo para mí?
—Pero si acabo de tirarme uno...
—Sí, ¡pero ese era para su puta madre!

El abuelo cumple cien años. Toda la familia reunida le canta el «Feliz cumpleaños». El abuelo, de repente, se ladea, parece que va a caerse de la silla. Todos gritan:
—¡El abuelo, el abuelo! ¡Cuidado con el abuelo!
Y entre todos lo ponen en la posición correcta. Al cabo de un rato, la misma situación:
—¡El abuelo, el abuelo! ¡Cuidado con el abuelo!
Y así, varias veces, hasta que el abuelo dice:
—¡Coño! ¿Ni en el día de mi cumpleaños me vais a dejar que me tire un pedo en paz?

POLICÍA

Ese tan benemérito
cuerpo de seguridad ciudadana,
acostumbrado a las más insólitas
situaciones, suele aparecer en los
chistes como un poco de vuelta
de todo. Pocas cosas
hay que los amilane.

Se convoca un gran concurso para saber cuál es el mejor policía del mundo. Los Estados Unidos envían tres miembros del FBI, Moscú envía algunos del KGB, y Argentina, varios miembros de la Policía Federal. La prueba consiste en soltar un jabalí en la selva y capturarlo en el menor tiempo posible.

Los primeros en actuar son los del KGB. Sueltan el jabalí y, a los siete minutos exactos, los rusos han cazado al animal.

Todo el mundo queda admirado:

–¿Cómo lo han logrado?

–Fácil, sólo fue cuestión de reconocimiento de huellas y deducción –contestan los rusos.

Siguen los del FBI. A los cinco minutos y cuarenta segundos, aparecen con el jabalí cazado.

Gran murmullo de aprobación:

–¿Cómo lo hicieron?

–Fácil, triangulación de satélites. Pura tecnología –responden los norteamericanos.

Inmediatamente llega el turno de la policía argentina. Pasa un minuto, un minuto treinta, un minuto cuarenta. Al minuto y cincuenta y tres segundos aparecen los policías apuntando a un conejito que viene con las manos en la nunca y gritando:

–¡Soy un jabalí, no me peguen más! ¡Soy un jabalí, no me peguen más!

207

—¡Riinnngg! ¿Policía? Es la casa de los Martínez, y se ha metido un gato en casa.
—Pero, señor, no moleste a las dos de la mañana por un gato —responde la policía.
—¡No, no soy el señor, soy el loro y estoy acojonado!

—¡Policía, policía, un degenerado me está desnudando con la mirada!
—Señora, no se preocupe, tardará años.

¿Por qué hay siempre tres oficiales en los coches de policía checos?
—Uno sabe leer, el otro sabe escribir, y el tercero está controlando a los dos intelectuales.

POLÍTICOS

Mentirosos, estafadores, ladrones, corruptos... son algunos de los calificativos dirigidos a no pocos políticos o gobernantes. Y aquí entra en juego el humor, que con su mejor intención, pone una sonrisa de denuncia de las mayores injusticias.

Un hombre aparca frente al Congreso de los Diputados. Sale el ujier corriendo y le recrimina:

—Oiga, señor, ¡quite inmediatamente el vehículo de aquí!

—¿Por qué?, ¿qué pasa?

—Están a punto de salir los diputados.

—¡Ah, bueno! No se preocupe, está dotado de antirrobo.

Dos amigos pasan frente al Congreso de los Diputados y escuchan:

—¡Asesino!

—¡Ladrón!

—¡Corrupto!

—¡Estafador!

Uno de los amigos le dice al otro:

—¡Oye, parece que se están peleando!

Y el otro le contesta enojado:

—¡No, bruto!, ¿no ves que están pasando lista?

Había una vez dos congresistas que andaban por la ciudad para anotar las necesidades de los ciudadanos, ya que ambos políticos estaban elaborando el presupuesto del próximo año. Al llegar a la escuela, el director del centro les dice que la escuela necesita sillas, mesas y ordenadores, pero uno de los congresistas replica que tienen un presupuesto limitado y que no pueden garantizar nada.

Después, los congresistas llegan a la cárcel y el director del centro penitenciario les indica que hacen falta camas y alimentos para los reos. En ese momento, uno de los congresistas dice al director:

–No se preocupe, le vamos a dar suficiente dinero para construir una piscina y un campo de fútbol, poner televisión por cable e instalar camas nuevas.

Al decir esto, el director queda muy agradecido y se despide. De camino hacia el Congreso, uno de los congresistas pregunta al otro:

–¿Por qué diste todo el dinero del presupuesto a la cárcel y no a la escuela?

Y el otro contesta:

–Amigo, de una cosa sí estoy seguro: a la escuela no voy a volver, pero a la cárcel nunca se sabe.

Un político va al médico con un pato en la cabeza, y el doctor le pregunta:

–¿En qué puedo ayudarle?

El pato responde:

–¿Me puede quitar este político del culo?

El juez le pregunta a un político:

–Entonces, ¿insiste en que no quiere un abogado?

–No, pienso decir la verdad.

Hablaba el presidente del país a su empobrecido pueblo:

–¡Querido pueblo! Este año podemos decir que, con nuestro gobierno, entramos en una etapa de fuerte consumismo.

Un político de derechas y uno de izquierdas caen de lo alto de un rascacielos. ¿Quién llega antes al suelo?
–¿Y qué más da?

****

¿Por qué no hay golpes de estado en Estados Unidos?
–Porque es el único país del mundo donde no existe embajada Americana.

El pueblo, indignado, comenzó a gritar:
–¡Mentiroso!, ¡mentiroso!
–¡No hay comida, ni dinero ni nada!
–¿De que consumismo habla?
A lo que el gobernante replicó:
–Perdón, no me entendieron. Lo que quiero decir es que van a permanecer *con su mismo* automóvil, *con su mismo* trabajo, *con su mismo* salario...

Si un político dice «sí», lo que quiere decir es «quizás». Si un político dice «quizás», lo que quiere decir es «no». Si un político dice «no», entonces no es político.

En la ex Unión Soviética se jubila la secretaria del jefazo máximo, quien le concede un deseo. Tras mucho pensar, la secretaria, con fuertes convicciones morales, contesta:
–Que cualquier ciudadano que quiera salir del país, pueda hacerlo libremente.
El jefazo queda boquiabierto, luego sonríe y dice:
–Picarona, tú lo que quieres es que nos quedemos solitos, ¿eh?

El presidente del país se dirigía a todos sus habitantes:
—Ciudadanos, tengo una noticia buena y otra mala.
—¿Cuál es la buena?
—Que nuestras deudas con el extranjero han sido saldadas.
—¿Y la mala?
—Que tenemos 72 horas para abandonar el país.

¿Qué le llamas a un político con un automóvil de lujo?
—Ladrón.
¿Qué le llamas a un político con un trabajo?
—Mentiroso.
¿Qué le llamas a un político con un título universitario?
—Copión.
¿Qué le llamas a un político con una pistola?
—Señor.

Un europeo le dice a un cubano:
—¿Qué, cómo os va por Cuba?
—Mira, no nos podemos quejar.
—¡Ah! Ni bien, ni mal, ¿no?
—¡No, no! ¡Que no nos podemos quejar!

¿En qué se diferencian los Estados Unidos y Rusia?
—En que en los Estados Unidos todavía existe partido comunista.

Un tipo entra en una comisaría de Madrid y pregunta al policía que atiende:
—Por favor, ¿dónde está la calle de Carrero Blanco?

¿Cuál es el colmo de un narcisista?
—Buscar su imagen en los rayos de sol.

****

¿Cuál es el colmo de la publicidad?
—Hacer creer a los pobres que el dinero también se hizo para ellos.

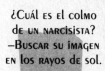

–¿Carrero Blanco? No, ahora se llama calle de Alfonso Guerra, y está por allí a la derecha.

–Ah, vale. Bien, ¿y la avenida del Generalísimo?

–Ahora se llama calle de Felipe González, y está por allí, a la izquierda.

–Pues entre Felipe González y Alfonso Guerra me han robado la cartera.

¿En qué se parecen los políticos a los pañales?
–En que hay que cambiarlos a menudo porque rápidamente se llenan de mierda.

****

–¡Qué pena hacer reír cuando no te lo propones! –dijo un político.

Un político fue interrumpido en su perorata por el penetrante rebuzno de un burro.

–¿Qué es eso? –preguntó el político.

–El eco –respondió una voz entre el auditorio.

Llevan a un diputado acusado de corrupción, de blanqueo de dinero negro, de tráfico de armas e influencias, etcétera, ante el juez.

–Verá, Señoría, es que yo soy diputado y...

–La ignorancia no exime de culpa –responde el magistrado.

Dos políticos amigos, muy veteranos, fueron nombrados director del Instituto de la Pobreza y jefe de los Servicios Diplomáticos, respectivamente.

El primero le pregunta al otro:

–¿Y tú qué sabes de la diplomacia?

–¡Lo mismo que tú de la pobreza!

PRESOS

Picaresca e ingenuidad
constituyen dos factores que
se combinan perfectamente a la
hora de desarrollar situaciones
cómicas que describan el
desesperanzador mundo de
las prisiones. Y es que a
veces no hay nada más
real que lo ilusorio...

Un preso estaba castigado y no podía recibir visitas. Llega su afligida esposa, pero no le permiten verlo y le dicen que está castigado. Entonces, la señora pide al carcelero que le entregue un mensaje escrito con tan sólo seis letras:

P, P, P, P, P, P.

El carcelero ve el mensaje y se lo entrega al preso. Éste se muestra muy angustiado y entrega al carcelero otro mensaje escrito, para que se lo dé a su afligida esposa. El carcelero nuevamente lo lee y ve que pone:

C, C, C, C, C, C.

Se lo entrega a la esposa, quien lo lee y se marcha. El carcelero aprovecha para interrogar al preso por ambos mensajes, y logra que confiese el mensaje de ella:
–Paso, Penurias, Pido, Prestado, Pienso, Putear.
Y el mensaje de él decía:
–Cuida, Culito, Cobra, Carito, Cariño, Carlitos.

–¡Usted es un ladrón, Manolo!
–No, señor juez: yo no soy un ladrón. Lo que ocurre es que encuentro las cosas antes de que los demás las pierdan.

¿CUÁL ES EL COLMO DE UNA NIÑA POBRE?
–JUGAR CON LAS MUÑECAS DE SUS MANOS.

216

Dos presos planifican la fuga:
—Tú te vas al patio, Paco, y si la pared es muy alta, pasas por debajo, y si la pared es muy baja, saltas por encima. Ve y me dices cómo está la situación, ¿vale?
Paco se va, pasa una hora, pasan dos horas, y Paco regresa a las cinco horas.
—¡Imposible fugarnos, Manolo! ¡No hay pared!

Dos presos en la cárcel:
—Y tú, ¿por qué estás aquí?
—Porque no me dejan salir.

Dos hombres hablaban en la prisión:
—¡Esto es injusto! ¡Estoy pagando por algo que no hice!
—¿Por qué te encerraron?
—Por no borrar las huellas de la caja fuerte.

¿Cuál es el colmo de una puta?
—Darse cuenta de vieja de que las demás cobraban.

Dos presos se escapan de la cárcel una noche por un desagüe, pero se pierden dentro de las alcantarillas, con toda la basura y los desechos que llevan. Las horas van pasando, siguen dando vueltas, y a medida que la gente se va despertando, el nivel del agua en las cloacas empieza a subir. Los dos hombres comienzan a estar desesperados, con el agua al nivel de las rodillas, y uno dice al otro:

–Una pregunta, ¿sabes rezar algo?

–Yo, no.

Media hora después de buscar una salida en vano, ya con el agua a la altura del cuello, vuelve a decir:

–¿Realmente no sabes rezar nada?

–Ya te dije que no, yo nunca iba a la iglesia.

Media hora después, a punto de ahogarse, con el agua cerca de la nariz vuelve a pregunta:

–¿De verdad que no se te ocurre nada en absoluto?

–¡Sí!, acabo de acordarme de algo que escuché.

Carraspea, junta las manos y comienza:

–Señor, bendice estos alimentos que vamos a tomar...

En una penitenciaría dice el sargento al oficial:

–¡Limpien bien la cárcel, que hoy viene el gobernador!

Un preso vocifera:

–¡Qué bueno que agarraron a ese pillo!

–Es ridículo lo que hacen conmigo –decía un preso–, me metieron en la cárcel por haber robado un pan y ahora me traen uno gratis todos los días.

RACISTAS

Moros, negros
y gitanos suelen ser los
grupos étnicos más recurridos
en los chistes racistas. El humor
actúa como un espejo donde
se refleja la intolerancia
y la injusticia sociales.

Llega a las puertas del cielo un negro, que acababa de morir, y san Pedro le pregunta:
—Y tú, ¿cómo te llamas?
Y le contesta el negro:
—Leonardo Di Caprio.
San Pedro, extrañado, coge el teléfono móvil y le pregunta a Jesucristo:
—Oye, ¿el *Titanic* se hundió o se quemó?

¿Cómo se hace la prueba del embarazo a una negra?
—Se le mete un plátano y, si sale mordido, la prueba es positiva.

¿Por qué los negros no comen pan con mierda?
—Porque a los negros no les gusta el pan.

¿Cuál es la diferencia entre los niños blancos y los niños negros cuando mueren?
—A los niños blancos les salen alas y van al cielo. A los niños negros les salen alas y van a vivir a cuevas oscuras pegados al techo.

¿POR QUÉ LOS NEGROS TIENEN BLANCAS LAS PALMAS DE LAS MANOS?
—PORQUE A DIOS, CUANDO LOS ESTABA PINTANDO, SE LE ACABÓ LA PINTURA.

* * * * * *

¿POR QUÉ LOS BLANCOS TIENEN EL ORIFICIO DEL CULO NEGRO?
—PORQUE LOS NEGROS ESTABAN RECIÉN PINTADOS.

Subiendo la montaña:

☺ ¿Qué hace un negro en una montaña nevada?
–Un blanco perfecto.
☺ ¿Quién sube antes a una montaña nevada, un blanco o un negro?
–Un negro, porque tiene cadenas.
☺ ¿Quién sube antes a una montaña nevada, un negro o un gitano?
–El gitano, porque le ha robado las cadenas.

Un blanco y un negro en la azotea de un edificio en llamas, cuando llegan los bomberos y les gritan:
–¡Tírense, que los esperamos aquí con la cama elástica!
Y el negro propone al blanco:
–Vamos a tirarnos juntos.
Cuando van por el aire, el jefe de bomberos ordena:
–Mejor cogemos al blanco, que el otro ya se quemó.

Colmos racistas:

☺ ¿Cuál es el colmo de un negrito?
–Sentirse el blanco de las miradas.
☺ ¿Cuál es el colmo de las huelgas?
–Que los etíopes se pongan en huelga de hambre.
☺ ¿Cuál es el colmo del *apartheid?*
–Expulsar a los astrónomos sudafricanos que encuentren agujeros negros en lugar de blancos.
☺ ¿Cuál es el colmo del mercado negro?
–Que esté dominado por contrabandistas blancos.
☺ ¿Cuál es el colmo de un tratante de blancas?
–Que los clientes las prefieren negras.

EN UNA FURGONETA VAN DOS MOROS, DOS NEGROS Y DOS GITANOS, ¿QUIÉN CONDUCE?
–LA GUARDIA CIVIL.

✴✴✴✴✴✴✴

POR QUÉ A UN NEGRO SE LE ATROPELLA TRES VECES:
–PRIMERO, PORQUE NO LO VES, SIENTES EL GOLPE Y DICES: «¡COÑO, HE ATROPELLADO ALGO!».
–LA SEGUNDA VEZ, CUANDO TIRAS MARCHA ATRÁS PARA VERLO.
–FINALMENTE, VES QUE ES UN NEGRO Y PASAS DE LARGO.

¡SEXO...!

SEXO: comprado o regalado, disfrutado o padecido, en solitario o compartido. Cualquiera que sea la forma de consumirlos, los chistes con sexo tienen la audiencia asegurada, sobre todo la masculina.

Un encuestador detiene a un hombre por la calle y le pregunta:
—A usted, ¿qué le parece la postura serbobosnia?
—Esa postura no la conozco, pero a mí, lo que más me gusta es que me la chupen.

Un hombre a su pareja:
—¿Hacemos un 68?
—¿Y eso qué es?
—Tú me la chupas y yo te debo una.

—¡Oiga! ¿Qué hacen ustedes? ¿Cómo se les ocurre masturbarse aquí, en un lugar publico?
—Pero, bueno, ¿ahí no pone «Correos»?

Un chico joven se sienta en la barra de un bar y el camarero le pregunta:
—¿Qué va a ser?
—Quiero seis tequilas.
—¿Seis?, ¿está celebrando algo?
—Sí, mi primera chupada.
—Bueno, en ese caso deje que le invite al séptimo para darle la enhorabuena.

–No se ofenda, pero si con seis no me quito este sabor, no me lo quitaré con nada.

Un hombre entra en un bar con un cocodrilo. Pone al cocodrilo sobre la barra y se vuelve hacia los clientes:
–Abriré la boca de mi cocodrilo e introduciré mis genitales. Él cerrará su boca durante un minuto y, cuando la abra, sacaré mis genitales sin ningún rasguño. A cambio, cada uno me pagará una copa.
Cuando la gente da su aprobación, el hombre se baja los pantalones y mete sus genitales en la boca del animal. Tras un minuto, el hombre coge una botella de cerveza, golpea la cabeza del cocodrilo y éste abre la boca soltando los genitales sin un rasguño. La gente aplaude y, después de su primera copa, el hombre se dirige otra vez al público:
–A quien se atreva a probarlo le daré 100 dólares.
Tras unos segundos, una mano se levanta entre la multitud y una mujer tímidamente habla:
–Yo probaré si promete no darme en la cabeza con la botella de cerveza.

Dos prostitutas hablando en la calle.
–Oye, ¿qué les vas a pedir a los Reyes Magos?
–¿Yo? Lo mismo que a todo el mundo: 2.000 la mamada y 4.000 el polvo.

Un tipo llega a un prostíbulo y se enamora a primera vista de una jovencita. El tipo:
–Tus ojos son como luceros en el infinito.
–Sí, mi amor, gracias.
–Tus manos son como pétalos de rosa.
–Sí, mi amor, gracias.

Dos clítoris se ven por la calle y uno dice al otro:
–¡Oye!, me han dicho que últimamente no te excitas.
–¡Bah!, eso son las malas lenguas.

Entonces, él la besa y le dice:
–Tus labios saben a madera de oriente.
Y ella responde:
–En eso sí puedes tener razón porque acabo de chupár-
sela a un chino.

Dos amigos se encuentran en la calle. Uno de los dos
lleva un perro, y el otro le dice:
–Caramba, qué perro más bonito, ¿a dónde vas con él?
–Lo llevo al veterinario.
–¡Ah! ¿Está enfermo?
–No, es que se ha vuelto maricón, y esta noche me ha
cogido por detrás y me ha dado por el culo.
–Vaya, ¡qué lástima tener que matarlo!
–¡Qué dices! Lo llevo al veterinario para que le corte las
uñas, que me ha dejado la espalda hecha un desastre.

Dos amigos están haciendo un crucigrama.
–Oye, a ver si sabes ésta: «órgano sexual femenino», con
cuatro letras, y la segunda es una «o».
–¿Horizontal o vertical?
–Horizontal.
–Entonces es «boca».

*Conclusiones de una encuesta efectuada a hombres y
mujeres españoles de 16 a 45 años de edad:*

☺ Un 1 % ha hecho el amor, por lo menos, una vez en
   un ascensor, en las escaleras o en la calle.
☺ Un 20 % de las mujeres quisieran ser hombres.
☺ Un 35 % de los adolescentes están enamorados de
   su profesora.

¿Cuál es el colmo
de la confianza?
–Dos caníbales
haciendo un 69.

****

¿Cuál es el colmo
de un preservativo?
–No soportar que le
escupan en la cara.

☺ Un 40 % de los hombres se niegan a participar en la limpieza de la casa.

☺ A un 45 % de las mujeres les gustan los hombres con ojos azules.

☺ Un 46 % de los hombres practican la sodomía con mujeres.

☺ Un 50 % de los hombres se acuestan sin haberse cepillado los dientes.

☺ Un 56 % de las mujeres duermen desnudas de vez en cuando.

☺ Un 70 % de las mujeres prefieren hacer el amor por la mañana.

☺ Un 90 % afirman que nunca han pensado tener relaciones homosexuales.

☺ Un 99 % de las mujeres nunca hicieron el amor en la oficina.

☺ A un 100 % de las mujeres les gustaría hacer el amor en plena naturaleza.

Moraleja: hay más probabilidades de hacer un griego por la mañana en un bosque a una mujer, que hacer el amor por la tarde en la oficina. Entonces, no te quedes más tiempo en el trabajo, no sirve de nada.

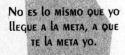

No es lo mismo un gato montés, que te monte un gato.

* * * * * *

No es lo mismo que yo llegue a la meta, a que te la meta yo.

* * * * * *

No es lo mismo la cosa está que arde, que te arde la cosa.

SUEGRAS

¡Ay, las suegras!,
esos seres dispuestos a
arruinarte el día, la velada o
lo que se tercie. Ésa es la fama
que se han creado unas pocas.
El resto... bueno, el resto,
mientras cada uno esté en
su casa y Dios en la de
todos, son adorables.

Se le muere la suegra a un individuo y en la casa funeraria le preguntan:
—¿Qué quiere usted hacer con ella, incinerarla, embalsamarla o simplemente enterrarla?
—¡Las tres cosas! No corramos riesgos.

Cuando mi suegra habla, yo escucho... En general, la radio o la televisión.

****

Mi suegra dice que tiene clase porque siempre se saca los zapatos antes de poner los pies sobre la mesa cuando cenamos.

—Oye, ¿pero a ti no te cae mal tu suegra?
—Sí.
—Y entonces, ¿por qué llevas su foto en la pitillera?
—Es que estoy intentando dejar de fumar.

—Mi suegra y yo somos inseparables.
—¿Ah, sí?
—Sí, a veces hacen falta diez personas para separarnos.

Chismorreos entre vecinas:
—¿Y con quién va a vivir la señora Antonia, ahora que se le han casado las dos hijas?
—No sé si se irá con el yerno que vive en Lugo o con el que vive en La Coruña.
—Pues no creo que lo haya decidido todavía. Lo único que sé es que uno quiere que vaya a Lugo, y el otro, a La Coruña.

–¡Vaya, qué suerte tener dos yernos que se la disputan!
–Nada de eso. El que quiere que vaya a Lugo es el de
La Coruña, y al revés.

Un cocodrilo toma un taxi en un aeropuerto y el taxista le pregunta:
–¿Le llevo el maletín, señor?
–Sí, pero con cuidado: es mi suegra.

Aforismo de Oscar Wilde:

En el matrimonio se puede ser absolutamente feliz, pero la felicidad de un hombre casado depende de las personas con las que no se ha casado.

229

EL TELÓN

Telón que se abre,
telón que se cierra, personajes,
situaciones y el título de una
película. Así de fácil y sugerente
es este tipo de humor que
cuenta con la participación
activa del interlocutor.

Se abre el telón y se ve a unos gitanos y a una chica. Se
cierra el telón. ¿Título de la película?
—Los vigilantes de la paya.

Se abre el telón y se ve a una mujer que va a la peluque-
ría y está cerrada. Se cierra el telón. ¿Título de la película?
—Ah-te-rizas como puedas.

Se abre el telón y se ve a Madonna diciéndole a Sharon
Stone: «¡Puta, guarra, zorra!». Se cierra el telón. ¿Título
de la película?
—Mira quién habla.

Se abre el telón y se ven a unos pitufos con el culo al aire.
Se cierra el telón. ¿Título de la película?
—Ver ano azul.

Se abre el telón y se ve un taxi con «Tasi» escrito en el
cartel del techo. Se cierra el telón. ¿Título de la película?
—Mal con X.

Se abre el telón y se ve un cartón de vino tinto Don Simón. Se cierra el telón. ¿Título de la película?
—Es tinto básico.

Se abre el telón y aparece un arquero, dispara la primera flecha y da en el centro. Dispara la segunda y también da en el centro. Dispara la tercera y le sale desviada. Se cierra el telón. ¿Título de la película?
—En diana dos y la última cruzada.

SE ABRE EL TELÓN
Y APARECE UN GITANO.
DE REPENTE,
DESAPARECE EL TELÓN.

Se abre el telón y se ve un pelo encima de una cama. Se cierra el telón. ¿Título de la película?
—El vello durmiente.

Se abre el telón y se ve a una mujer planchando, una mujer fregando los platos y una mujer limpiando el suelo. Se cierra el telón. ¿Título de la película?
—Un mundo perfecto.

Se abre el telón y aparece un niño masturbándose, y entonces entra su madre en la habitación. Se cierra el telón. ¿Título de la película?
—Todo sobre mi madre.

Se abre el telón y se ve una botella de whisky a la derecha. Se cierra, vuelve a abrirse y se ve la botella a la izquierda. Se cierra el telón. ¿Título de la película?
—Moby-Dick.

Se abre el telón y se ven dos fetos en el útero. Se miran, lentamente empiezan a acercarse y se dan un beso. Se cierra el telón. ¿Título de la película?
—Atracción fetal.

Se abre el telón y se ve a un pastor con un grupo de llamas y un perro. Se cierra el telón. Se vuelve a abrir y se ve al pastor con el perro, pero sin las llamas. Se cierra el telón. Se vuelve a abrir y se ve ahora al pastor solo, sin perro ni llamas. Se cierra el telón. ¿Título de la película?
—El llamero solitario.

Se abre el telón y sale una china comiéndose un chupachups. Se cierra el telón. Se abre el telón y aparece la china muerta. Se cierra el telón. ¿Título de la película?
—La maté polque lamía.

Se abre el telón y se ve a un grupo de mujeres croatas corriendo por el campo. Se cierra el telón. ¿Título de la película?
—Mujeres al borde de un ataque de serbios.

Se abre el telón y se ve un cuarto de baño, la parte de fuera y la de dentro a la vez, aunque la puerta está cerrada, y dos vascos, uno fuera y el otro dentro, cagando. Se cierra el telón. ¿Título de la película?
—Termina Aitor.

Se abre el telón y se ve a una chica joven sentada encima de la taza del retrete y haciendo un esfuerzo brutal para evacuar. Se cierra el telón. ¿Título de la película?
—Aprety woman.

Se abre el telón y se ve a Peret con una rubia despampanante. Se cierra el telón. ¿Título de la película?
—Perety woman.

Se abre el telón y se ve a un yogur dando por detrás a unas natillas. Se cierra el telón. ¿Título de la película?
—Postresgay.

Se abre el telón y se ve un nabo, después, un león, y un poco más lejos, una boina. Se cierra el telón. ¿Título de la película?
—Nabo-león Boina aparte.

Se abre el telón y se ve un cadáver en el suelo, con un cuchillo clavado y todo lleno de sangre. A su alrededor, un montón de cagadas. Se cierra el telón. ¿Título de la película?
—El asesino anda suelto.

Se abre el telón y se ve a tres guardias civiles cosidos a balazos contra la pared. Se cierra el telón. ¿Título de la película?
—Toma tres verdes fritos.

Se abre el telón y sale una gorda. Se cierra el telón. Se abre el telón y sale la misma gorda con una ametralladora. Se cierra el telón. ¿Título de la película?
—¡Se armó la gorda!

TIENDAS

Son lugares frecuentados
por todo tipo de personas,
en busca de esas cosas que
necesitan o, simplemente, les
satisfagan. Adelante, entre
en la tienda del humor.

Entra un individuo en una tienda y dice al dependiente:
—¡Buenos días!
—¡Buenos días!, usted dirá.
—Verá, yo nací en Mallorca, ¿sabe? Allí tuve una infancia muy infeliz porque mis padres se separaron cuando yo apenas tenía cinco años. Luego, por motivos de la vida, fuimos a vivir a Almería. Después me llegó la hora de hacer el servicio militar, y me tocó hacerla en Melilla. Allí conocí a una morita muy guapa, nos casamos y hoy es mi mujer aquí, en Barcelona. Somos muy felices y tenemos un niño muy guapo, y ésa es la historia de mi vida.
El dependiente se lo queda mirando, sorprendido, y le dice:
—Oiga, ¿y a mí qué me cuenta?
—¡Ah!, no sé. Yo pasaba por delante de su tienda y vi un cartel que decía: «Entre y revele su rollo».

Llega una señora a la panadería y, al ver trabajar al panadero, se horroriza y corre a hablar con el dueño.
—¡Cómo es posible tanta asquerosidad! Ese panadero de allí, el que está todo sudoroso, para hacerle la puntita a las magdalenas ¡se las pone contra el ombligo!
—¡Uy, señora, usted no aguanta nada! Si lo viera haciendo el agujero a los donuts...

TRABAJO

El trabajo es la honra
de los pobres. Bueno, al menos
eso es lo que dicen los ricos.
Y la teoría de la reencarnación
afrima que los pobres son ricos
castigados. En ese caso,
posiblemente la India tuvo
que ser muy rica en
otro tiempo.

El propietario de un club dice a un posible trabajador:
—Para poder entrar a trabajar tienes que pasar tres pruebas; si las superas, formarás parte de nuestra plantilla.
—Bueno —asintió el candidato.
—La primera prueba es que tienes que beberte una botella de vodka de un trago. La segunda, debes arrancar-
le una muela a un gorila que está en esa habitación, y la
tercera, tienes que tirarte a mi mujer hasta que las piernas se te caigan a trozos.
El candidato se bebe primero la botella de vodka. Luego, con una borrachera de miedo, entra en la habitación
del gorila. Tras oírse muchos ruidos, sale de allí y le pregunta al propietario del club:
—¿Dónde está esa mujer suya a la que hay que sacarle la
muela?

Un hombre se presenta en una estación de tren donde
buscan a alguien para cubrir una plaza de guardagujas:
—¡Buenos días!, venía para lo del trabajo que anuncian.
—¡Ah!, pues permita que le haga un pequeño examen
de aptitud. Tenga en cuenta que éste es un puesto de
responsabilidad y no podemos dárselo a cualquier. Vamos a ver, imagine que dos trenes salen en dirección
opuesta y que el choque es inminente en esta estación.
¿Cómo evitaría usted el accidente?
—Hombre, pues llamaría rápidamente a las estaciones
anteriores de cada lado, para avisar, y así que...

Llega un día el jefe y
dice a su secretaria:
—No digas a nadie el
sueldo que cobras,
ya sabes que es
confidencial.
—Descuide, jefe, pero
no diga confidencial,
mejor diga de
vergüenza.

-Lo siento pero no dispone usted de teléfono.
-Bueno, pues entonces haría una hoguera para que
con el humo...
-Llovió, está todo mojado, no se puede hacer
fuego.
-Entonces cogería unos trapos de colores
vivos y los pondría...
-¡No tiene usted trapos a su alcance!
El hombre se queda pensando y dice:
-Ya está, entonces llamaría a Enriqueta.
-¿Quién es Enriqueta?
-Enriqueta es mi mujer.
-¿Y para qué demonios quiere llamar a
su esposa?, ¿qué va a solucionar con ello?
-Hombre, al menos que pueda ver el
choque, ¿no?

Una sirvienta se despide de la casa y la señora le pregunta intrigada:
-¿Por qué te vas? ¿Es que no te he tratado como a una
hermana?
-Sí, señora, usted sí, lo malo es que su marido me quiere tratar como si fuera su esposa.

Dice una compañera de trabajo a otra:
-El jefe y su mujer se pasan el día hablando de mí.
-¿Y qué dicen?
-El jefe quiere echarme dentro de un año y su mujer
dice que inmediatamente.

-¡Quiero trabajar!
-¿De jardinero?
-No me diga de «dejar
dinero» porque lo que
necesito para dejar
dinero es, primero,
ganarlo trabajando.

VAGOS

«El trabajo dignifica...».
Hay quien no está dispuesto
a hacer caso de aforismos y
prefiere tumbarse a la bartola.
Póngase cómodo y que nada
ni nadie lo perturbe.

Tres vagos alucinando:

–Tío, yo soy tan vago, tan vago, que el otro día iba andando por la calle, me encontré una cartera, ¿sabes?, y por no agacharme, seguí andando.

–Eso no es nada. El otro día iba de marcha por ahí cuando, de repente, miro hacia la otra acera y veo a una tía de bandera insinuándose y desnudándose. Pues seguí por mi acera...

–Yo sí que soy vago, pero vago, vago –dice el tercero–. Ayer fui a ver la película *Titanic* y me la pasé toda entera llorando.

–Pero eso no es ser vago...

–Pues sí, colega, porque nada más sentarme me pillé los huevos con el asiento y para no levantarme...

–Esta mañana vi a dos caracoles en mi huerto comiéndose mis lechugas.

–¿Y qué hiciste?

–Pues a uno de ellos lo pisoteé con mi bota.

–¿Y el otro?

–El otro se me escapó.

Está un mexicano con su perro, sentado delante de su casa, cuando pasa un gato. A los dos minutos, el perro ladra:

Era un tío tan vago, tan vago, tan vago, que llamó a los bomberos para que le apagaran la luz.

* * * * * * *

¿Cuál es el colmo del aburrimiento? –Presenciar pacientemente una carrera de tortugas cojas.

–¡Guau!
Y el mexicano le dice:
–¡Quieto, rayo!

Un tío en la puerta
del club de vagos:
–¿Es el club de vagos?
–Sí, aquí es.
–Que me entren...

****

Una persona perezosa
es como un reloj sin
agujas: es inútil tanto
si anda como si
está parado
(Beaumarchais).

El jefe regaña al empleado recién contratado que llega tarde el primer día de trabajo:
–Pérez, debería haber estado usted aquí a las nueve.
–¿Por qué? ¿Me he perdido algo divertido?

Dos vagos estaban acostados en el campo, cuando dice uno al otro:
–Oye, ¿sabes qué remedio es bueno para la mordedura de serpiente?
–Pues, no, no sé, ¿por qué lo preguntas?
–Porque ahí viene una serpiente.

242

VASCOS

Tienen fama de orgullosos, cabezotas, fanfarrones y exclusivos. Aunque ya se sabe que los tópicos son sólo un gran saco en donde meter a todo el mundo, no obstante en humor dan mucho juego.

La única virtud que falta a los bilbaínos para ser perfectos es la modestia.

José María Aznar, presidente del gobierno español, y George W. Bush, presidente de Estados Unidos, hablando por teléfono. Dice Aznar:

—George, tengo un problema gordísimo. Los de ETA me matan a todos los concejales y, por más que hago, nada de nada.

A lo que replica Bush:

—Tranquilo, nosotros tenemos a los mejores marines del mundo. Voy a entrenar a uno durante un mes para que hable euskera y te lo mando a Euskadi. Verás cómo se carga a todos los etarras.

Pasado un mes, en una noche con niebla, el marine se lanza en paracaídas sobre Rentería. Cuando llega a tierra, esconde el paracaídas y se pone una txapela en la cabeza y un pañuelo anudado al cuello. Empieza a andar, ve un bar y se dice para sí:

—Ahora entro en el bar y me voy confundiendo con la gente para realizar la misión.

Entra en el bar y ve a Patxi, el dueño del bar, limpiando un vaso. Pide el marine:

—Patxi, ponme un vino.

Y Patxi, ni caso, sigue limpiando el vaso. Entonces, el marine piensa:

—¡Ah!, se me ha olvidado decir «ostias».

Y dice:

—Ostias, Patxi, ponme un vino.

Y Patxi, ni caso, sigue limpiando el vaso. Entonces, el marine piensa:

—¡Ah!, se me ha olvidado añadir «joder».

Y dice:

—Ostias, Patxi, joder, ponme un vino.

Y Patxi, ni caso, sigue limpiando el vaso. Entonces, el marine piensa:

—¡Ah! se me ha olvidado decir «pues» al final.

Y dice:

—Ostias, Patxi, joder, ponme un vino, pues.

Y Patxi levanta la cabeza, lo mira y dice:

—¡Que no, negro, que a ti no te sirvo!

—Patxi, es que los de Bilbao somos cojonudos, ¿verdad?

—¿Pero qué cojones dices tú de Bilbao, si has nacido en Cuenca?

—Oye, Patxi, perdona, ¡los de Bilbao nacemos donde nos da la gana!

Dos bilbaínos buscando perretxikos; uno de ellos levanta la cabeza y va hacia su compañero, gritando alegremente:

—¡Mira, Patxi, un Rolex, un Rolex!

Patxi coge el reloj, lo mira con expresión de desaprobación y lo arroja por detrás de su hombro, mientras reprende a su compañero:

—Joder, Koldo, mira que te lo he dicho veces. ¡Cuando Rolex, Rolex, y cuando perretxikos, perretxikos!

Un padre dando consejos a su hijo, que marcha a estudiar fuera:

—Y ya sabes, Peru, que cuando estés por ahí fuera, debes tener buena educación y no preguntar a nadie de dónde es.

—Aita, ¿por qué no le tengo que preguntar a nadie de dónde es?

Definición de «Atlántico»:
—Océano situado entre África, Europa y América, y que desemboca en el Nervión.

* * * * * * *

—Hola, buenas, ¿me da un mapamundi de Bilbao?
—¿Margen derecha o margen izquierda?

245

–Pues porque si es de Bilbao, ya te lo dirá él, y si no lo es, ¡no tienes que hacerle pasar vergüenza!

Una cuadrilla de bilbaínos pasa por delante de un concesionario de Mercedes. Empiezan a señalar automóviles de forma apreciativa:
–¡Mira aquél, oye, ése ya me gusta! ¡Mira, le voy a comprar ése a mi sobrino!
–¡Pues yo voy a comprar esos dos a mis hermanos!
Entran todos echando mano de su cartera cuando, de pronto, uno de ellos mira a todos los demás y espeta:
–¡Eh, quietos, que esta ronda es mía!

–Oye, Patxi, ¿y a ti qué te daba el segundo ejercicio?
–Me daba infinito.
–¿Sólo?

–¡Patxi, que me han contado que te han tocado cien millones a la lotería!
–¡Bah!, lo que jugaba.

–¡Patxi, que se nos ha olvidado decirle al camarero que somos de Bilbao!
–¡Déjale, que se joda!

¿Cuál es la diferencia entre Dios y un bilbaíno?
–Que Dios está en todas partes, y el bilbaíno «ya ha estao».

****

¿Cuál fue la máxima prueba de humildad y sencillez que dio Jesucristo?
–Nacer en Belén, pudiendo haber elegido nacer en Bilbao.

VIEJECITOS/AS

Para que luego digan
que la tercera edad no está
ya para muchos trotes. Algunos
quisieran tener la marcha y el
empuje que muchos gastan a
edades tan avanzadas. Y es
que el amor y el sexo no
tienen edad, al menos en
el humor.

—Bueno, abuelo,
¿cómo le va con el
audífono nuevo?
—Las cuatro y media.

****

—¡Abuelita, en el colegio
me dicen el interesado!
—Y eso, ¿por qué?
—Si me das un billete,
te lo digo.

En medio del pueblo, el típico charlatán:
—¡Esta poción es milagrosa! Los mantendrá jóvenes eternamente. Yo, por ejemplo, ¡tengo ya 300 años!
Un viejecito del pueblo se acerca a uno de sus ayudantes:
—Oiga, ¿es verdad que ese tipo ha vivido 300 años?
—Mire, la verdad, no lo sé, yo sólo llevo 200 años trabajando con él.

Una pareja de viejecitos de noventa años tiene ganas de hacer el amor:
—¿Dónde quieres que lo hagamos hoy, Asunción?
—En el suelo, Vicente.
—¿Por qué en el suelo?
—Para sentir algo duro.

Una viejecita va al banco a depositar dos millones y cuando llega a la ventanilla pide hablar con el gerente. Ante su insistencia, y como el cliente siempre tiene razón, le conceden la entrevista.
—¡Buenos días, señora!, ¿en qué puedo ayudarla?
—Vengo a depositar dos millones.
—Disculpe, señora, mi curiosidad, pero ¿de dónde sacó tanto dinero?
—Es que hago apuestas.
—¿Apuestas?

–¡Sí!, le apuesto a usted medio millón de pesetas a que tiene las pelotas cuadradas.

–¡Señora, por favor!, ¿cómo me va a apostar eso?

–¿Acepta o no? Le apuesto a que sus bolas son cuadradas.

–Está bien, apostemos.

–Pues como es mucho dinero en juego, ¿no le molestará que venga mañana a las diez con mi abogado?

–¡Por supuesto que no me molesta! La espero mañana a las diez.

Cuando el gerente llega a su casa, comienza a mirarse las bolas en el espejo, de un lado y del otro, y se las toca, un poco preocupado por el dinero en juego. Convencido de que sus bolas son redondas, decide acostarse. Al día siguiente, a las diez en punto, llega al banco la viejecita en compañía de su abogado y ésta le dice:

–Por favor, señor gerente. ¿Puede bajarse los pantalones?

–Por supuesto.

Avergonzado, se los baja.

–Señor gerente, ¿se las puedo tocar?

El gerente, después de pensar que había mucho dinero en juego, asiente. Mientras la viejecita le toca las bolas

UNA viejecita entra en un *sexshop* y pide al encargado:

–Por favor, ¿me podría dar un vibrador?

–Sí, claro. Escoja entre los de la estantería.

La viejecita echa un vistazo y dice:

–Déme ese rojo de ahí.

–Señora, el extintor, no.

al gerente, éste ve que el abogado de la señora empieza a golpearse la cabeza contra la pared y le pregunta:

—Señora, ¿por qué su abogado se está arreando con la cabeza contra la pared?

—Es que ayer aposté con mi abogado a que hoy, a las diez, le estaría tocando las bolas al gerente.

María Pía era una viejecita terriblemente creyente. Los médicos le habían recomendado que tuviese algún tipo de actividad sexual, por una vez en su vida. Pero a ella, a estas alturas, le bastó con comprarse un animal, en concreto un loro. Apenas éste llegó a casa, gritó:

—¡Mierda! ¿Qué es esto?

—¡Qué barbaridad! ¡No permito que nadie en mi casa diga semejantes palabrotas!

—¡Mierda! ¿Qué es esto?

—Mira, loro, ¡si dices otra palabrota, te voy a castigar!

—¡Mierda! ¿Qué es esto?

María Pía no pudo soportarlo. Agarró al loro y lo encerró en el frigorífico. Una vez dentro, el lorito, cuando apenas se había disipado el vapor del hielo, vio a un pollo congelado.

—¡Joder! ¿Y tú qué has dicho?, ¿follar?

ÍNDICE

Introducción 7

Abogados 10
Adivina... 16
Amigas 19
Amigos 26
Bill Clinton 36
Borrachos 40
¡Camarero! 50
¡Cojones! 53
Cómo se dice . . . 57
Computadoras,
   ordenadores
   e informáticos. . 62
Cornudos 71
Cortos 76

Crueles. 81
Curas y monjas. . 84
Demonios. 89
Estudiantes. 92
Feministas 96
Fidel Castro . . . 104
Fútbol 107
Gallegos 109
Gays. 113
Hombres 116
Intelectuales
   y científicos . . 121
Jaimito 127
Jesucristo 130
Ladrones. 133
Leperos 137

Ligues........ 141

Locos 144

Machistas 147

Mamá, mamá.... 156

Matrimonio ... 161

Médicos 166

Militares...... 182

Niños 187

Parejas 191

Pedos 201

Policía........ 206

Políticos 209

Presos........ 215

Racistas 219

¡Sexo...! 222

Suegras....... 227

El telón....... 230

Tiendas....... 235

Trabajo 237

Vagos 240

Vascos........ 243

Viejecitos/as... 247